한국 무대무용의 선구자

# 송범

서연호

도서출판 월인

# 송범

초판 1쇄 인쇄 · 2014년 8월 23일
초판 1쇄 발행 · 2014년 8월 30일

저 자 · 서연호
발행인 · 박성복
편집디렉터 · 김수미
발행처 · 도서출판 월인
서울특별시 강북구 노해로25길 61(수유2동 252-9)
등 록 · 제6-0364호
등록일 · 1998년 5월 4일
전 화 · (02) 912-5000
팩 스 · (02) 900-5036
www.worin.net



ISBN 978-89-8477-575-6 93680

값 14,000원

▲▶ 국립극장은 국립무용단 창단 50주년을 기념하여 초대 단장 송범 선생의 예술 세계를 기리기 위해 무용가와 제자들의 뜻을 모아 2012년 11월 16일에 이 흉상을 세웠다.

▲ 송범 선생이 20년 동안 무용을 창작한 남산국립극장 앞에서

▲▲ 송범 선생 부부와 딸 부부, 서있는 사람은 아들이다.
▲ 송범 선생은 조용히 난을 기르면서 작품 구상에 몰두하기를 좋아했다.

# 머리말

1971년 봄 학기부터 대학 강단에 서게 된 필자는 연극을 보기 위해 국립극장을 자주 찾았다. 그때 자주 포스터에 내걸리던 '송범 안무'의 무용공연을 알면서도 그 작품을 좀처럼 감상하려 들지 않았다. 시간을 내기도 어려웠지만 보다 더 연극에 열중하려던 집념 때문이었다. 무용 '극'에 대한 관심이 일어났을 즈음에서야 고작 몇 작품 정도의 국립무용단 공연을 보았을 뿐이다. 수십 년이 지난 오늘, 우연한 기회에 기억을 더듬어보니 송범 선생 안무 무용극의 일부 장면들이 눈앞에 어른거릴 정도로 남아있다. 국립무용단 단원들과 어울려 극장 문을 걸어 나오던 모습까지도 어렴풋하게 떠오른다.

무용가 양성옥 교수의 권유가 없었다면 감히 송범 선생에 대한 책을 집필할 용기를 내기 어려웠을 것이다. 필자는 양 교수의 '무대 무용의 중요성'에 대한 지론에 전적으로 동감하는 입장이다. 그러고 나서 구해 읽은 책이 평론가 김태원 형이 편찬한 『나의 춤, 나의 길(송범의 춤 예술 60년)』이었다. 짐작은 하고 있었지만 무용가로서 선생의 의지와 사상, 방법과 실천들을 하나하나 실제로 발견하면서 필자는 큰 충격을 받았다. 한국 공연예술사를 연구해 온 학자로서 필자가 그 동안 선생에 대해 구체적으로 탐구하지 못했던 게으름을 부끄럽게 여기며, 소략하게나마 검토한 자료들을 토대로 책을 쓰기로 작정했다.

송범 선생에 관련된 자료를 제공해 주고, 소중한 증언까지 해준 이애주, 국수호, 정재만, 양성옥 등 여러 무용가들에게 깊이 감사한다. 직접 대화를 나누지는 못했지만 송범 선생에 대해 값진 기록을 남겨준 무용계의 여러 어른들에게 감사한다. 또한 선생의 제자 여러 분들에게도 이 자리를 빌어 존경을 보낸다.

필자의 이런 작업을 기초로 우리 무용 연구가 더욱 활성화되고 발전되기를 소망한다.

2014.2

저자 서연호

# 목차

평전을 시작하며 13
1) 공연예술로서의 무대무용 13
2) 송범의 무대무용 17
3) 비평적 서술의 전기 20

1. 무용에 입문하기까지 25
1) 어린 시절 25
2) 학창시절 29

2. 무용 섭렵과 탐구 36
1) 광복 이후의 무용계 36
2) 조택원 선생 39
3) 장추화 선생 42
4) 최초의 발표 46
5) 송범과 마리 뷔그만 52

3. 6·25 전쟁기의 활동 56
1) 전쟁의 충격 56
2) 피난지에서 활동 61

4. 결혼과 가정 70

1) 결혼 70

2) 가정 72

5. 끈질긴 도전 74

1) 전후의 무용계 74

2) 환도 이후의 도전 77

3) 창작의 전환기 85

4) 현대무용과 송범 89

6. 국립무용단의 전통을 세우다 94

1) 명동기 94

2) 한국발레와 송범 105

3) 남산기 108

4) 조택원의 〈가사호접〉과 송범의 〈참회〉 118

5) 한국무용과 송범 121

7. 무용극 창작의 대업 126

1) 견우와 직녀의 이야기 126

2) 왕자호동 이야기 131

3) 도미 이야기 134

4) 고전 명작의 현대화 139

5) 사랑과 정욕의 혼동 속에서 142
6) 대자연 속의 작은 인간 144
7) 무용음악과 박범훈 146
8) 한국 무용극과 송범 149

8. 인생의 종막 153

9. 송범 작품 목록 164

10. 무용의 지도와 계승 171
1) 송범의 교육관 171
2) 제자에 대한 사랑 176
3) 무용계의 큰 스승 송범 180

11. 송범의 무용사적 위상 190
1) 동시대의 무용가 190
2) 한국발레의 모색 193
3) 한국무용의 무대화 195
4) 무용극의 창작과 안무가의 존재 정립 197

평전을 마치며 204
미주 210

# 평전을 시작하며

## 1) 공연예술로서의 무대무용

필자는 공연예술의 현장을 답사하고, 공연예술, 특히 연극에 관한 글을 쓰며 살아왔다. 공연예술을 두루 탐구하면서도 연극에 관심을 깊이 쏟은 것은 연극이 공연예술, 무대예술의 중추적 영역인 까닭이다. 무용계에 만나는 사람들도 있고, 때때로 무용을 관람했지만 무용비평을 하지 않았던 것은 지속적으로 폭 넓게 무용을 관람하지 않은 입장에서 평가 기준의 일관성을 스스로 유지하기 어려웠던 탓이다. 다시 말하면, 주관적으로나 객관적으로 비평의 신뢰성을 담보(擔保)해야 한다는 책임감 때문에 무용비평은 자제해 왔다.[1)]

공연예술(Performing Arts)이 곧 무대예술로 여겨지는 것은 세계적인 현상이자 보편적인 원리라고 할 수 있다. 그리스에서는 기원전 6세기부터 건설된 야외극장을 지금도 사용하는 모습을 볼 수 있다. 또한 기원후부터 로마가 유럽 대륙과 아프리카를 지배하면서 도시마다 야외극장을 건설했는데, 지금도 여러 지역에서 로마시대 극장을 그대로 또는 일부 수리하거나 보강해서 사용하고 있다. 유럽의 극장에서 무용이 본격적으로 공연되기 시작한 것은 17세기였다.[2)]

동북 및 동남아시아에서는 그리스나 로마보다는 늦었지만 여러 나라와 지역에 극장이 건설되었고, 역시 지금도 그곳에서 대부분의 전통예술을 공연하고 있다. 일본에서는 18세기 전반기부터 가부키무용이 극장에서 공연되기 시작했다.

한국은 늦었지만 20세기에 들어와서 극장 문화를 새롭게 인식하고 극장을 설립했다. 그곳에서 전통연희, 연극, 영화 등을 상연했고, 점차 근대 공연예술이 모색 발전되기 시작했다. 협률사(1902-1906)는 황실에서 설립한 최초의 실내 극장이었다. 고종 등극 40주년을 맞아 내외 귀빈들을 접대할 목적으로 여러 가지 신식 설비를 갖추는 가운데, 당시 관청 건물인 봉상시의 남쪽 부분(현 광화문 새문안교회)을 개조하여 만든 극장이자 기관이 협률사였다. 협률사는 나중에 개보수해서 원각사(1908-1914)로 운영된다. 광무대(1907-1930)는 애초에 동대문 전차기계창고 안에 세운 공립극장이었다. 개관한 지 1년 만에 후일 단성사의 주인이 된 박승필이 광무대를 인수하여 전통연희 전용극장으로 운영했다. 이 밖에도 사동(현 인사동)에 연흥사(1907-1914), 돈의동(현 창덕궁 앞)에 장안사(1908-1914) 등이 운영되었다.[3)]

두 말할 필요도 없이, 무대는 연극이나 무용을 연행하기 쉽고, 관람하기 쉽도록 만든 구조적인 장소를 지칭한다. 애초에는 자연환경을 이용해 산비탈에 무대를 설치했지만 문명이 발달하면서 평지에 인공적인 극장을 건축했다. 이런 극장과 무대의 발전은 곧 공연예술의 발전과 깊은 관련이 있고 동시에 무용의 발전을 의미한다. 앞으로도 무대를 통해서 공연예술이 발전할 수 있다는 사실은, 거역할 수 없는 대전제이자 원리임이 분명하다. 예술가들의 고도(高度)하고 섬세한 표현과 그들을 위한 의상, 소도구, 미술, 연주, 나아가서 조명, 음향, 무대전환 등의 여러 메커니즘의 융합과 조화를 통해서 공연예술은 최고의 작품을 완성해낼 수 있다. 동시에 극장 내의 쾌적한 조건 속에서 관객들은 안정된 감상 태도를 유지함으로써 작품은 최상의 효과를 창출해낼 수 있다.

무용사의 발전에서 무대무용이 차지하는 비중에 대해 잠시 고찰하기로 한다. 무대무용은 다른 말로 극장무용(dance theater)이라 할 수 있다. 발레와 가부키는 극장무용의 고전적 형식으로 간주된다. 여기서 고전적이란 오래된 것 뿐만 아니라 해당 사회의 유력한 계층들이 그런 행위를 보증해 온 것까지 모두 포함한다. 극장무용은 많은 시간과 유지비, 수준 높은 무용수들, 훌륭한 레퍼토리, 기능적인 시설과 무대기술, 무용을 즐기는 관객 등 여러 가지 조건을 필요로 한다. 그럼에도 불구하고 무용의 발전이 극장무용을 통해 발전해 온 것은 극장 안에서 비로소 무용이 본격적인 예술의 모습을 갖출 수 있었기 때문이다. 예술은 두 말할 필요도 없이 창작을 전제로 한 개념이다. 무용이 관객에게 감동을 주고, 고전적인 레퍼토리를 계승케 하는 방법은 극장무용의 역할이었다.[4]

김채현은 국내 극장과 무용의 관계에 대하여 다음과 같이 언급했다. "신무용이 뿌리를 내리던 초창기에는 무엇보다도 서구

스타일의 극장 양식이 춤의 새로운 양상을 부추기는 데 결정적인 역할을 하였다. 이런 측면에서는 그때까지 서구 극장춤을 지배했던 것이 발레였으므로 신무용도 발레를 작품 구성의 전형으로 삼았을 것이라는 추론이 제기되는데, 이 추론은 일면적 진실만 담고 있을 뿐이다. 가령 최승희가 독무로 행한 완결작이라든가 전통춤에 없는 몸동작을 착상한 역사적 과정들을 상기해보면, 그것은 상당히 현대춤적 발상에 바탕을 두고 있음을 깨닫게 된다. 더욱이 동작이 몇몇 정형에 얽매인 고전 발레와는 달리 현대춤은 모든 동작을 춤화 시키기를 주저하지 않았고, 지금도 그렇다는 사실에서, 우리는 한국 춤의 20세기적 변화상이 무엇보다도 서구 전래의 극장 양식에 못지않게 현대춤적 발상에서 큰 영향을 받아 왔음을 알아채게 된다."[5]

발레의 발전은 루이 14세 시기인 17세기 중・후반기를 주목하게 된다. 1669년에 제2기 아카데미(일명 오페라아카데미)가 설립되었다. 이 아카데미의 교장 룰리(Lully)는 음악가이자 무용수였는데, 그는 몰리에르, 라신, 보샹 등 작가들과 함께 협력하여 오페라 발레의 탄생을 이루었다. 고전이나 신화적인 주제를 음악적으로 다루면서 춤추는 앙트레(entrees)가 곁들여지는, 정교하고 아주 형식적인 공연이었다. 이런 스펙터클 공연에서 발레가 점차 인기를 얻게 되자 1713년에 파리 오페라에 부설 무용학교가 생겼다. 이 무용학교 출신의 전문 무용수와 이보다 앞서 1681년 아카데미에 창설된 여성발레단 무용수들을 통해 프랑스의 발레는 획기적으로 독립 발전하기 시작했다.

여기서 우리가 주목해야 할 사항은 왕의 명령으로 새로 만들어진 발레들은 제상의 이름을 딴 리쉬리유극장(루이 13세 때 권력을 장악했던 추기경)에서 공연하도록 했다는 것이다. 이 극장은 무대가 높이 돌출된 프로시니움 극장이었는데, 종전처럼 홀에서 추었던 발레가 무대 위에서 공연됨으로써, 발레와 관객은 분리되었고, 정면을 보이기 위한 발레가 되었으며, 본격적으로 예술성을 추구하는 발레의 방법이 추진되었다.6)

가부키의 발전은 에도(江戶)시대인 18세기 전반기를 주목하게 된다. 1716년부터 1735년 사이에 종전의 가부키극장들은 지붕을 덮어씌우는 완전한 실내극장으로 변모했다. 이보다 앞서 17세기 말기에 하나미치(花道)가 완성되었다. 무대 위의 스펙터클한 환상과 섬세한 춤사위를 구사할 수 있는 아늑하고 조용한 조건을 구비했던 것이다. 가부키의 전개 과정에서 몇 가지 종류가 나타났다. 지다이모노(時代物, 현대의 시대극)는 사무라이 사회를 그린 무대극을 지칭한다. 세와모노(世話物, 현대의 시민극)는 서민들의 생활을 매우 사실적으로 그린 무대극을 지칭한다. 가부키무용극은 <구로와분쇼>(廓文章, 1712) <고조하시>(五條橋, 1731) <사기무스메>(鷺娘, 1762) 같은 작품을 비롯해 19세기에 들어와서 무용의 분화가 이루어지면서 비약적으로 발전했고, 많은 작품이 공연되었다. 오늘날 일본 무용하면 가부키무용을 지칭할 정도로 여러 유파가 생겼고, 대표작들이 자주 공연되고 있다.7)

## 2). 송범의 무대무용

이 책은 한국 무대무용의 선구자인 송범의 평전(評傳) 서술을 목표로 한다. 본론의 서술에 앞서, 송범이 무대무용에 대해 평소 어떻게 생각하고 있었는지를 잠시 살펴보기로 한다. 이 책은 생전에 송범이 남긴 '자필자료'와 '구술자료'를 기초자료로 한다. 자신의 무용에 대하여, 직접 남긴 글을 '자필자료'라 하고, 글로 남지는 않았지만 다른 사람들과의 대담에서 채록된, 그의 발언, 증언, 회고 등을 여기서 '구술자료'로 통칭하기로 한다. 우선 몇 가지 송범의 말을 살펴보기로 한다.

"과학적으로 체계를 세우려는 현대 무용의 진리를 파악하여 조선이 현대 무용으로 세계무용사에 빛나는 날까지 일로 매진할 결심이다.",[8] "나는 국립극장 소속이 되었다. 춤 잘 춘다고 인정받은 몇 사람은 그 소속이었다. 그 소속이면 사복을 입고 자랑스럽게 다닐 수 있었다. 그러나 전쟁(6・25전쟁)이 가열되자 나는 극장에 나가지 않고 숨어 버렸다. 그 난리통에도 무용 연습이 얼마나 하고 싶었던지 몰래 옥상에서도 하고 지하실에서도 틈만 나면 하였다.",[9] "국립극장의 방대한 무대며 최첨단 무대장치, 더욱이 국립극장 전속의 한국무용을 전공한 국립무용단 단원들은 참으로 비옥한 토양으로서 한국적 무용극의 훌륭한 산실이 되어 주었다. 오늘날까지 10여 편의 장편 무용극을 무대에 올릴 수 있었다."[10]

이상에서 인용한 내용들은 송범이 남긴 글로서, 말 그대로 자필자료다. 참고로 자필자료에는 연도와 번호를 표시해 두었다. 다음에는 그가 발언했던 말들을 채록한 구술자료의 사례를 들어 보기로 한다.

"새롭게 등장하는 한국 무용가들은 더 새로운 고민을 해야

되지 않나요? 적당히 안이한 생각을 하는 것, 그것만으로는 새로운 예술이 나올 수 없어요. 또 그것이 무대예술로서 말이나 관념으로 드러나기보다는 보다 구체적인 무용의 선, 색채, 양감(量感) 등을 통해 드러나야만 하는 것이거든요.",[11] "1968년부터 제가 한국무용을 전공으로 삼았어요. 처음부터 한국무용이 좋기는 했지만 그래도 현대예술의 모든 조건이나 환경을 갖추어야 한다고 생각했기 때문에 한국무용을 장래에 무대예술로 승화시키기 위해서는 발레나 스페인 춤까지도 알아야겠다고 생각해 모든 것을 몸에 익혔어요.",[12] "최승희 씨는 그러니까, 우리나라 민속무용을 어떻게든지 끌어들여서 무대화해 가지고 무대무용으로 승화시키겠다, 이렇게 된 거예요. 지금 그 정신을 그대로 김백봉 씨가 유지하고 있는 거예요. …(중략)… 우리 무용계에 영향을 준 거는 뭐 내 자랑은 아니지만 나도 그 하나에 낄 수가 있어요. 김백봉은 꼭 끼어야 해요. 김백봉을 빼놓고는 말할 수가 없어요."[13]

인용된 송범의 자필자료와 구술자료에 내재된 그의 무용가로서의 목표와 의지, 그리고 태도는 너무도 명백하다. 그것은 한마디로 현대적인 무용을 과학적으로 발전시켜야 한다는 뜻이다. 특히 민속춤을 포함한 전통무용을 바탕으로 한국무용을 창조하는 작업이 우리의 중대한 과업임을 지적했다.[14]

아울러 이러한 무용을 위해서는 여러 가지 조건이 갖추어진 무대화가 이루어져야 하고, 발레를 포함한 현대무용의 방법을 충실히 습득해야 하며, 이러한 기반 위에서 무용가는 새로운 작품의 개발과 끊임없는 연습을 통한 창작에 매진해야 한다는 태도를 강조했다. 실제로 송범은 자신의 주장만을 앞세우거나 반복하는 데 그치지 않았다. 일생 동안 자신의 목표와 의지를 작품을 통해 실천적으로 연행(performance), 구현함으로써 남다른 업적을 쌓았다.[15)]

### 3) 비평적 서술의 전기

모든 예술 작품은 개별적인 독자성을 갖는다. 작품의 공간, 시간, 양식, 형식, 소재, 매체, 방법, 소통의 측면에서 자율적이고 생산적인 의미를 지닌다. 작품은 예술가의 산물이다. 작품은 사회를 대상으로 제공되는 발신, 공급, 창조이다. 이 작품은 수용층인 시청중(관중, 독자)에 의해 수신, 수요, 향수된다. 발신과 수신의 관계가 원만할 때, 비로소 양자 사이에 소통이 이루어진다. 양자 사이의 관계가 감동적인 충격을 일으켰을 때, 그 작품은 간혹 명작으로 평가되거나 시대를 초월하며 고전으로 남게 된다.

모든 비평 역시 개별적인 독자성을 갖는다. 비평가는 작품 향수자의 한 사람이지만, 비평은 작품이 지닌 탁월한 의미와 가치를 밝혀내는 해석이다. 엄격히 말하자면, 전문적인 비평을 거치지 않은 작품은 아직 예술 작품인지 아닌지 구분할 수 없다. 시간 및 시대 차이를 두고서라도 이러한 비평은 반드시 필요하다. 이렇게 비평을 거치지 않은 작품은 명작으로 살아남지 못했고, 사람들의 기억에서 사라져 버렸다. 대부분의 예술가들은 비평을 기피하고, 때로는 멸시했으며, 때로는 비평가를 향해 욕설을 퍼붓기도 했다. 그러나 결국 그의 작품 역시 비평을 통해서 후세에 인정을 받게 되었다. 비평 역시 개별적인 작품(명작 비평)으로 인정되는 것은 독창적인 해석력 여부에 달려 있다.

예술가의 전기(傳記)는 왜 필요한가. 명작과 고전을 생산해낸 작가의 탁월한 의지와 방법, 지극한 고뇌와 노력, 복잡한 사회제도와 상황과의 관계 등을 밝혀내기 위한 비평의 일종으로서 전기라고 할 수 있다. 우리 주변에서 흔히 보듯이, 작가의 시시콜콜한 사생활, 특정 작가를 과장되게 추켜세우기, 작가의 세속적 출세 및 작품 판매를 위한 부추기기 등이 전기를 쓰는 정당한 목적이 될 수 없다. 우리에게는 명작과 고전적 걸작을 낸 예술가를 대상으로 하는, 비평적 전기, 즉 평전(評傳)이 필요한 것이다.

예술가의 전기는 포괄적 연대기, 문학적 초상화, 유기적 전기 등으로 나눌 수 있다. 포괄적 연대기(chronicle compendium)는 수집한 모든 자료를 가능한 취사선택하지 않고, 시간상의 선후에 따라 배열하며, 사이사이에 약간의 연결적 설명을 붙여 놓은 하나의 이야기에 해당한다. 문학적 초상화(literary portrait)는 배경 설명은 최소한도로 줄이고, 저자가 선택하여 제시한 예술가의 성격 양상들만을 묘사한 것이다. 성격 소묘(sketch)나 프로필(profile) 등이 이에 해당한다.

한편, 유기적 전기(organic biography)는 흔히 평전을 일컫는다. 저자가 선택한 자료들을 용해한 다음, 저자가 해석하는 방향으로 예술가의 정신적 모습을 재구성한 것이다. 먼저 예술가가 창작한 모든 작품을 대상으로 대표작을 선별하고, 그 작품들을 대상으로 하는, 동시대적 가치와 고전적(이월적) 가치를 밝힌다. 평전의 주 내용은 이러한 대표작이 그 작가의 정신세계, 심리, 환경, 제도, 예술적 방법, 기술 수준, 공연예술적 여건 등과 어떻게 관련되어 있었고, 뛰어난 창조력은 어떻게 이루어졌는가를 유기적으로 서술한 비평적 전기를 일컫는다.[16)]

이 책은 무용가 송범이 한국무용의 무대화에 어떻게 기여했는가, 동시에 얼마나 훌륭한 작품을 창작해냈는가. 오늘날의 입장에서, 나아가서는 미래지향적인 관점에서, 그러한 작품들이 어떤 의미와 의의를 갖는가 하는 사항들을 유기적으로 밝혀내려는 작업이다. 아울러, 이러한 작업이 필요한 것은 오늘날의 우리 무용 및 무용계가 제대로 된 작품이나 바람직한 미래를 향한 창작에 매진해야 한다는 것을 촉구하기 위해서다. 필자가 보기에 우리 무용가들은 정신적으로 심하게 방황하고 있을 뿐만 아니라, 매우 소모적이고 파벌적이고 개인적인 취향에 사로잡혀서 좀처럼 헤어나지 못하고 있는 모습으로 여겨진다.

이미 알려진 대로, 1960년대부터 독일에서 비롯된 탄츠테아터(Tanztheater)는 지구촌 예술에 새 빛을 제공하고 있다. 한스 크레스닉, 피나 바우쉬, 게하르트 보흐너, 수잔네 링케, 라인힐트 호프만의 무용극은 분명 새로운 무용의 방향을 제시한다.[17)] 송범은 1963년 3월에 안무한 국립무용단의 <검은 태양>부터 무용극에 대한 탐구를 시작했다. 이른바 무용연극이라고 할 수 있을 것이다. 그리고 남산에 새 국립극장이 마련된 1973년 이후에는 본격적으로 무용극을 안무해 수 편의 명작을 남겼다. 동시대의 예술로서, 우리 무용사에 커다란 전환기를 마련한 송범의 무용극을 유럽의 탄츠테아터와 비교 연구하는 것은 장차 무용학자들에게 과제라고 생각한다. 작품의 역사적 가치와 동시대적 가치를 밝히는 작업이야말로 예술가를 대상으로 한 평전의 중요한 역할이 아니고 무엇이랴.

덧붙여, 이 평전을 기술하는 데 기본 자료로 이용된 것은 다음과 같다. 이후 본문 각주에서 사용되는 이 기본 자료는 약칭으로만 표기하기로 한다.

자필자료(1948), 「행복한 순간」(예술조선, 1948.4), 김태원 편, 『나의 춤, 나의 길(송범의 춤 예술 60년)』, 현대미학사, 2002, pp.25-26.
자필자료(1962), 「우리나라의 발레」, 예술원보 통권 8호, 1962.6.
자필자료(1984), 「나의 작품 세계」, 예술원보 통권 28호, 1984.12.
자필자료(1987), 「욕망의 길」, 예술원보 통권 31호, 1987.12.
자필자료(1988), 「나의 무용인생과 〈도미부인〉」, 예술원보 통권 32호, 1988.12.
자필자료(1992-1), 「춤은 나의 종교 나의 전부」(춤, 1992.4), 김태원 편, 전게서 pp.28-46.
자필자료(1992-2), 「무용과 함께 걸어온 외길 50년을 회고하면서」, 신주희 편, 『송범 그 인생과 예술』 부록, 교양사, 1992, pp.9-16.
자필논문(1984), 「한국 무용극 연구」, 예술원논문집, 1984.
자필논문(1992), 「농악형식에 나타난 무용에 관한 연구」, 예술원논문집, 1992.12.
자필논문(2001), 「작품을 통한 한국무용의 변천과 양상」(예술원논문집, 2001), 김태원 편, 전게서, pp.211-242.
구술자료(1997), 송범과 문애령의 대담, 「송범」(한국의 집, 1997.2.13), 문애령, 『한국 현대무용사의 인물들』, 눈빛, 2001, pp.159-178.
구술자료(2002), 송범과 김태원의 대담, 「나는 그저 내 춤의 길을 갈 뿐이다」(옥수동아파트, 2002.6.3), 김태원 편, 전게서, pp.11-24.

구술자료(2004), 송범과 박선욱의 대담, 「무용가 송범」(옥수동 아파트, 2004.4.2), 『2003년도 한국 근현대 예술사 구술채록연구 시리즈 11: 송범』, 한국문화예술위원회, 2004.

구술자료(2006), 송범과 김명숙의 대담, 「무용계에 바란다」(이화여자대학교, 2006. 5.20), 무용예술학연구(19집), 2006, 가을호.

참고자료(1982), 기록자 미상, 「송범, 그 예술과 생애」, 국립무용단 「송범무용전」 팸플릿, 1982.3.

# 1. 무용에 입문하기까지

## 1) 어린 시절

송범(1926.3-2007.6)은 충북 청주시 영운동(永雲洞)에서 아버지 송내현(宋內顯)과 어머니 윤복(尹福)의 5남매 중 막내아들로 태어났다. 출생신고가 2개월쯤 늦은 양력이다. 당시 아버지 나이는 35세, 어머니는 37세였다. 생후 석 달 만에 아버지가 타계했고, 어머니는 송범의 청년기에 74세(1963)로 타계했다. 아버지는 아주 완고했던 분으로 알려졌다. 지금은 영운동이 청주 시내지만 그 당시는 한산한 시골이었다.[1)]

그의 위로는 흥례(興禮), 원례(元禮)라는 두 누님이 있었고, 다음으로 열한 살 차이 나는 형 철면(喆冕)이 있었다. 이 형이 바로 송범의 장년기에 67세로 세상을 뜬 화가 송정훈(宋政勳)이다. 형은 이른바 식물인간으로 투병하다가 불행하게 생애를 마쳤다. 그 밑이 정례(貞禮) 누님, 그 다음이 송범이었다. 그는 막내로서 집안의 귀여움을 독차지했다. 정례는 문학 지망생으로서 신춘문예에 출품도 했고, 여중생 때는 연극반 활동도 해서, 송범이 그

구경을 간 적도 있었다. 화가 지망생 형에, 문학 지망생 누이, 후일 무용을 좋아한 송범을 고려하면 예능적 기질을 타고난 가계였던 셈이다.[2)]

송범의 본명은 철교(喆敎)이다. 이 이름은 중학교를 졸업할 때까지 사용했다. 1942년에 그가 무용가가 되기를 결심한 후, 형은 '철교라는 이름이 예술가답지 않다.'고 하며, 어느 유명한 작명가를 찾아가 돈을 많이 주고 지어 온 예명이 범(范)이었다. 그는 '범'이란 이름을 평생 좋아했다. 그래서 옛 친구들이 '철교'라는 이름으로 부르면 마음에 거슬리게 들었다.

아버지가 돌아가신 후로 집안 형편이 어려워졌다. 그가 두 살 때 가족은 서울 종로구 원서동으로 이사했다. 어린 가장으로서 형은 고충이 많았다. 공부를 잘하던 형은 6년제 보통학교를 4년에 마쳤고, 월반하여 5년제 고등보통학교를 3년 만에 마쳤다. 중학교를 마친 형은 전당포에서 일했다. 안목이 뛰어났던 형은 보석 감정도 할 수 있고, 시계도 수리할 줄 알아서 월급이 괜찮았다. 상점 주인은 송철면을 놓치기 싫어서, 오전 중에는 그가 좋아하는 그림을 그리게 해주었고, 오후부터 가게 일을 보게 했다. 형이 일을 하게 되면서부터 집안 형편은 안정되었다.

형은 일본으로 건너가 태평양미술학교에 입학했다. 미술학교 1학년 말에 「제국미전(帝國美展)」에서 <아편문>과 <산으로 간다>라는 작품으로 입선했다. 당시 조선인으로 그런 권위 있는 미전에 입선하기는 무척 어려웠다.[3)] 미술학교를 마친 형 철면은 일본군 종군(從軍)화가로 상해(上海)에 파견되었다. 종군화가란 일본군의 활약상을 미화(美化)하는 어용적 역할이었다.

그러나 얼마 뒤에 형은 그 일을 그만두었다. 다시 그곳에서 전차나 버스 속에 붙이는 광고지를 만드는 일을 시작했다. 전후의 사정은 잘 알 수 없지만, 이 변신은 아마도 그가 친일적인 일에 저항해 정치적으로 망명했음을 시사한다. 새 일은 고되고 힘들었으나 돈이 잘 벌렸다. 광복 이전에 백 원이라면 아주 큰 돈이었는데, 형이 매달 서울 집으로 백 원씩 보내 주어, 집안 살림은 큰 걱정이 없었다. 광복 후 서울에 돌아온 형은 『국제보도』라는 월간지를 발간하는 일을 했다.[4)]

송범이 태어날 무렵의 국내 무용계를 보면, 조선시대 교방류 춤을 이어 온 기생들의 이른바 권번춤과 외국으로부터 유입되는 이국적인 춤들이 공연되고 있었다. 일본 덴카스(天勝)곡예단 출신의 배구자(裵龜子, 1905-2003)의 공연, 러시아 해삼위(Vladivostok)에서 온 「조선동포 내한공연」 등이었다.

덴카스와 동행해 미국으로 갔던 배구자는 1921년과 1924년에 잠깐씩 안나 파블로바(Anna Pavlova, 1881-1931)로부터 조선인 최초로 발레를 배우기도 했다. 무용가 조택원(趙澤元, 1907-1976)은 해삼위 공연단과 동행했던 박시몬(본명 박세면 朴世冕)에서 개인적으로 러시아의 호팍(hopak)춤을 배워 때때로 공연하기도 했다. 일반적으로 코배기춤, 코팍춤으로 알려졌다.[5)]

한국 무용계와도 깊은 관계가 있는 일본의 근대무용가 이시이 바쿠(石井漠, 1886-1962)는 어떤 인물인가. 그는 도쿄 제국극장(1911)에 설치되었던 가극부(歌劇部)를 1916년에 제1기로 졸업하고, 여러 오페라 작품에 출연했다. 1921년부터 4년간 독일에 유학해 새로운 무용을 수학했다. 작품으로는 <인간 석가>

(1953) 등 150여 편을 남겼다. 귀국 후 만든 몇 편의 작품이 일본에서 주목을 받았고, 이어서 1926년 3월에 그는 제자들과 함께 서울 경성공회당(현 시청 앞 프라자호텔 뒤)에서 3일간 11개의 작품을 공연했다. 이른바 최초의 신무용(新舞踊)이 소개된 무대였다.[6)]

일본의 신무용은 이시이 바쿠와 다카다 마사오(高田雅夫, 1895-1929)를 양대 유파로 전개되었다. 다카다 마사오는 다카다 세이코(高田せい子, 1895-1977)와 부부 무용가로서 무용단을 운영했고, 조선의 박외선(朴外仙, 1915-2011)이 그 제자였다. 박외선과 더불어 수학한 에구치 다카야(江口隆哉, 1900-1977)와 그의 처 미야 미사코(宮操子)는 독일에 유학해 뷔그만에게 무용을 배웠다.[7)] 박외선이 최승희의 제자가 된 것은 그 후의 일이다.

중국, 한국, 일본에서는 고대부터 무(舞)와 용(踊)을 구분해서 사용해 왔다. 무는 주로 의식적인 춤으로서 무용수의 발을 지상에 가까이 하고, 발을 스치듯이 걸으며, 손과 발을 정중하게 움직이는 동작이다. 용은 감정에 따른 자유로운 춤으로서 손과 발을 발랄하게 움직이는 동작이다. 일설에 의하면, 중국의 남부, 인도, 인도네시아 등은 무의 문화에 속하는데, 고대 농경에서 비롯된 것이라 한다. 또한 중앙아시아, 중국의 북부, 한국, 일본 등은 용의 문화에 속하는데, 유목 생활에서 비롯된 몸짓이라 한다.[8)]

한국에서는 '춤'이라는 고유어를 사용하기도 했고, 일본에서는 '마이'와 '오도리'라고 했다. 서양의 댄스가 유입되면서 새로운 번역어가 필요해졌다. 1904년 일본 학자 쓰보우치 쇼요(坪內

逍遙, 1859-1935)는 『신악극론』(新樂劇論)에서 댄스를 무용이라고 지칭함으로써, 동양에서 무용(중국의 우용, 일본의 부요)이라는 장르 개념이 점차 성립되기에 이르렀다.9)

1927년 10월에 이시이와 함께 잠시 귀국한 최승희(崔承喜, 1911-1969)는 그동안 연습한 <세레나데>로 주목을 받았다. 1929년 11월 서울에 최승희 무용연구소가 설립됨으로써 조선인에 의한 신무용이 본격적으로 시작되었다. 신무용(新舞踊)이라는 용어는 일본에서 전통춤인 '오도리'(踊)에 대응하는 근대무용의 범칭이었다. 독일의 노이에 탄츠(Neue Tanz)에 해당한다.10)

후일 지인들에 의해 묘사된 청년 송범의 용모는 당시의 키로 작다고 할 수 없는 171cm의 후리후리하고 날씬한 몸매였다. 유난히 쩌렁쩌렁한 목소리, 그리고 흰 얼굴의 귀태(貴態)나는 모습이었다.11) 그의 성격은 칼 같은 시간 감각, 절제력, 매사에 분명한 관점과 태도를 지녔다. 자기의 삶에 철저한 사람이어서, 철교(喆教)라는 아명을 철교(鐵教)라 부르고 싶을 정도였다. 그에게 얼버무리는 타협이란 없었다. 시작한 일은 끝장을 볼 때까지 하는 성미였다. 새롭고 좋은 것이라면 얼른 배우고 받아들이고자 했다. 이런 성격이 그를 우수한 무용가로 만들어 준 요인으로 여겨진다.12)

## 2) 학창시절

송범은 1934년 여덟 살에 재동보통학교에 입학했다. 6년제 소학교(보통학교의 명칭 변경)를 마치고 1940년 5년제 양정중학교(고등보통학교의 명칭 변경)에 입학했다. 그는 매사에 성실했고, 공부를 잘하는 특대생(현 장학생)이었다. 광복이 되던 해인 1945년 3월에 중학교를 졸업했다. 서울 집에서는 어머니와 일하는 아주머니와 송범, 세 식구가 살았다. 형이 매달 보내주는 돈으로 비교적 넉넉하게 지냈다. 혼자 마음대로 활동할 수 있었으므로 자칫하면 사춘기에 탈선하기 쉬웠지만, 그는 모범생이었다.

소학교 때까지도 소극적이던 그의 성격은 차차 활동적인 성격으로 변했다. 중학교 2학년 때(1941)까지는 연극에 빠졌다. 그가 본 대부분의 작품은 신파류(新派流)의 대중극이었다. <사랑에 속고 돈에 울고>(일명 홍도야 울지 마라) 등 숱한 작품을 관극했다. 동양극장 공연에서 본 차홍녀(車紅女, 1918-1940), 황철(黃澈, 1912-1961), 지경순, 한은진 같은 스타들에게 반했다. 어른이 되면 연극배우가 되겠다고 마음먹었다.

어린 나이에 원서동에서 서대문 동양극장(현 문화일보사 소극장)까지 굉장히 먼 거리를 걸어서 다녔다. 연극이 지금처럼 한두 시간에 끝나는 것이 아니라 막이 바뀔 때마다 무대장치를 바꾸느라 늦은 밤에 끝났다. 보통 11시 지나서 어두운 밤길을 혼자서 귀가하고는 했다.[13)]

어느 해인지는 불확실하지만 중학교 때 양정중학교가 있던 만리동으로 이사했다. 1942년에 총독부가 실시한 어용적인 「국민 연극 경연대회」 작품들도 관람했다. 역시 중학교 2학년 무렵으로 그는 기억한다. 부민관에서 최승희의 무용을 처음 보았다(1941년, 1942년에 그녀의 서울 공연이 열렸으니, 중학교 3학년

이었을 가능성도 있다).

최승희라는 이름은 그 전에 들은 적이 있었지만 호기심이 생겨 작은 누이와 함께 표를 사 가지고 실내에 들어갔다. 서울에서 살던 일본인들도 상당수가 입장권을 구입했다. 최승희의 몸매가 좋았던 것인지, 춤이 좋았던 것인지는 순간 식별할 수 없었지만, 자유롭게 마음대로 춤추는 모습이 그의 마음을 단번에 사로잡고 말았다. 그때 작품으로는 <청아애사>를 기억한다.[14)]

당시 연극은 아무리 일류 극단이라도 입장료를 70, 80전 받았다. 그런데 최승희의 무용 입장권은 쌀 한 가마니 값인 5원을 받았다. 부민관에서 하루에 3회, 일주일 공연, 모두 21회 공연했는데, 입장권은 전 회분이 매진되었다. 이 공연은 무용에 대한 고루한 사회인식을 바꾸는 커다란 계기였다고 할 수 있다. 그녀의 무용에서 송범은 큰 충격을 받았다. 움직임도 그렇고, 의상도 그렇고, 음악도 그러했다.[15)]

연극을 열심히 볼 때는 연극배우가 되고 싶다고 생각했는데, 막상 최승희의 무용을 보고나자 연극보다는 춤이 자신한테 더 맞을지 모른다는 생각이 들었다. 연극은 여러 사람이 하는데, 무용은 혼자서 할 수 있었기 때문이다.[16)]

최승희 춤을 본 후부터 집에서 혼자 춤을 만들어 추는 버릇이 생겼다. 시중에서 레코드판도 많이 모았다. 그 가운데서 <천국과 지옥> <지평선> 같이 어려운 음악에 춤을 만들어 추어 보기도 했다. 그런 춤은 송범에게 기쁨을 주었다. 춤추는 동안은 스스로 감격스럽고, 슬프기도 하고, 황홀하기도 했다. 그는 무용가가 되기로 뜻을 세웠다. 그가 1942년을 자신의 무용 원년(元

年)으로 삼은 데는 이러한 배경이 있었다.

형은 아우가 무용에 관심을 쏟고 있는 사실을 알게 되었다. 성격이 자상했던 형은 아우에게 용기를 주었고, 이런 사실을 친구와도 상의했다. 형의 친구이자 화가인 배운성(裵雲成, 1901-미상)은 송범을 데리고 조택원(趙澤元, 1907-1976) 선생 댁을 찾았다. 선생은 당시 돈암동에 살고 있었다. 무용연구소를 겸한 그 곳에서 최초로 면담이 이루어졌고, 뒷날 장추화(張秋華, 1921-미상) 선생을 알게 된 것도 그 무용연구소에서였다.[17)]

형은 그가 만들어 추는 춤을 보고는 어느 정도 소질을 인정했던 것 같다. 상해에 체류했던 최승희에게 '내 동생은 춤에 관심이 있다'고 했던 모양이다 그리고 최승희는 '아우를 나에게 데리고 오라'고 했다는 것이다. 태평양전쟁이 막바지에 이르면서 최승희와 송범의 대면은 실현되지 못했다. 개인적으로는 아쉬운 일이지만 모두 시대적 운명의 탓이었다.[18)]

형 송정훈과 최승희는 상해에서 만나 알게 된 사이였다. 형이 광고, 사진, 미술, 디자인에 관련된 사업을 하고 있어서 그곳에서 공연하게 된 최승희가 프로그램을 인쇄하기 위해 찾아왔던 것이다. 최승희는 중국에서 수차례 일본군 위문공연을 했는데, 그때마다 송정훈에게 부탁해 프로그램을 제작했다. 두 사람이 모두 조국을 잃은 예술가로서 내심으로는 서로 이해하는 처지였다.[19)]

중학교 5년 졸업 무렵, 담임선생은 성적이 우수한 점과 학교의 명예를 고려해 송범에게 의학전문학교 진학을 권했다. 그래서 경성의전(京城醫專, 현 서울대학교 의과대학)에 입학원서를 내고 수험표까지 받았다. 그러나 아무리 생각해도 의사가 되는 것보다 무용하는 것이 좋을 것 같아서 시험을 포기하고 말았다. 당일 그는 시험장으로 가지 않고, 음악 감상실에서 베토벤의 <운명>을 듣고 있었다.[20]

이것은 그의 결단력을 보여 주는 일대 사건이었다. 그리고 어머니와 상해의 형에게는 전문학교 시험에 떨어졌다고 해버렸다. 중학교를 졸업한 후에 무용에 관한 꿈은 더욱 짙어졌다. 무용이라고 하면, 여자들의 전용물로 인식되던 시기에 남자가 무용을 하겠다고 결심하는 것은 매우 어렵고 희귀한 사례에 속한다. 또한 당시 사회에 비추어 보면, 의학전문학교의 포기는 웬만한 용기로는 할 수 없는 일이었다. 송범의 무용 선택은 자율적인 것이지만 그 자체가 불투명한 장래에 대한 모험이자 도전이었다. 광복 이후부터 그는 조택원무용연구소에 다녔다.

송범이 유아기를 보내던 1927년 10월, 최승희가 다시 이시이 선생을 따라 서울에 모습을 나타냈다. 그녀는 조선의 유망한 신무용가로 부각되었다. 이시이의 <사로잡힌 사람>에 감동된 정구(庭球, 테니스) 선수 조택원은 그의 제자가 되기로 결심했다. 조택원은 보성전문학교를 졸업하고 상업은행의 정구 선수로 활약하고 있었다. 1928년 봄에 도일해 조택원은 이시이의 연구생(당시에는 문하생)이 되었고, 최승희와 함께 춤을 배웠다.[21]

조택원은 이시이 집의 잡일을 도와주며 정구로 비뚤어진 어깨의 자세를 바로 잡는데 무려 1년의 세월이 걸렸다. 기초를 배우고 그해 이시이가 안무한 군무에 출연했다. 선생의 도서들을 통해 마리 뷔그만(Mary Wygman, 1886-1973), 이사도라 덩컨

(Isadora Duncan, 1877-1927), 하랄트 크로이츠베르크(Harald Kreutzberg, 1902-1968) 같은 무용가들의 존재에 눈을 뜨게 되었다.[22)]

우리 민속춤을 다듬어 무대의 전통무용으로 격상시킨 선구적인 무용가는 한성준(韓成俊, 1874-1941)이었다. 최고의 판소리 고수(鼓手)로 활약했던 그는 풍부한 음악 실력을 바탕으로 무용가로, 무용안무로 영역을 확장하면서 공연예술의 변화에 앞장섰다.

송범이 보통학교에 들어갔던 1934년 여름에 최승희는 도쿄에 온 한성준을 만났다. 당시 그녀는 새로운 작품을 모색하고 있었다. 이시이 이후, 평생의 인연으로 뒤늦게 만난 또 한 분의 선생이었다. 한 선생은 빅터, 콜롬비아, 폴리돌 등 상표를 가진 레코드 취입을 위해 9년째 고수로 도쿄에 다니고 있었다. "최승희가 찾아와 춤을 배우게 해달라고 했다. 보름 동안 가르쳐 주는 조건으로, 매일 시간을 정해, 40여 가지 춤을 가르쳐 주었다. 그녀는 빠르게 잘 배웠다."[23)]

다른 한편, 그때 이시이와 최승희의 오빠 최승일은 '조선춤을 기반으로 한 창작'의 필요성을 그녀에게 권유했다. 이시이의 신무용에 한계를 느끼고 있던 그녀 역시 어떤 변화를 갈망하고 있었는데, 절호의 기회를 만났던 것이다. 이렇게 한성준과 최승희의 만남은 두 무용가의 개인사에서 그치지 않고, 우리 무용사를 바꾸게 된 일대 계기였다.[24)]

최승희는 1937년 12월 19일 미국공연을 목표로 샌프란시스코로 가는 배에 몸을 싣고 요코하마를 떠났다. 유럽에서 순회

공연하던 1939년 4월에는 브뤼셀에서 개최된 제2회 국제무용콩쿨의 심사위원을 맡았다. 심사위원으로 참가한 루돌프 폰 라반(Rudolf von Laban, 1879-1958), 마리 뷔그만, 세르주 리팔 등을 만났다. 그녀는 1940년 12월 5일에 세계 일주 공연을 마치고 3년 만에 일본으로 돌아왔다. 그녀가 해외를 순회공연하고 있을 때, 서구에서는 최승희와 더불어 중국의 매란방(梅蘭芳, 1894-1961), 인도의 우다이 샨카르(Uday Shankar, 1900-1977)를 동양의 대표적인 무용가로 평가했다. 1941년 9월에 한성준은 67세를 일기로 작고했다.

송범을 조택원에게 인도해 준 화가 배운성은 서울 출생으로 고아로 자랐다. 그러나 재능, 노력, 행운이 함께 해 1922년에는 독일 유학을 떠났다. 1927년 파리의 살롱 드톤드전, 1933년 폴란드 바르샤바 국제미전 등에 입선해 실력을 인정받았다. 식민지시대 말기에 작품전을 가졌고, 초기 홍익대학 미술학과에서 가르치다가 6·25 당시 월북했다.[25)]

# 2. 무용 섭렵과 탐구

## 1) 광복 이후의 무용계

1948년 8월에 대한민국(남한) 정부가 수립되고, 9월에 조선민주주의인민공화국(북한) 정부가 수립되었다. 광복 이후 3년 만에 한반도는 분단국가로 전락하고 만 것이다. 1945년 8월 광복으로부터 1950년 6·25전쟁이 일어나기까지 정세는 매우 혼돈되고 불안정했다. 그리고 이러한 상황은 무용계에 짙은 영향을 미쳤다. 예술 본연의 공연과 창작에서 이완된 이른바 정치적 편향의 좌익(左翼)과 우익(右翼)의 갈등이 소용돌이치고 있었다.

1945년 9월에 신진 무용가들이 주축이 된 조선문화건설중앙협의회 산하의 조선무용건설본부가 결성되었다. 이들은 10월 한 달 동안 전국순회 및 수재민돕기 파고다공원 공연을 가졌다. 이 본부에서는 친일파라는 이유로 최승희와 조택원을 회원에서 제외시켰다. 김민자, 진수방, 장추화, 이석예, 김애성, 정지수, 한동인, 김해성, 정인방 등이 회원이었다. 파고다공원에서 공연한 무용가는 박남호였다.[1)]

1946년 6월에 좌익 무용가들이 다수였던 조선문화단체총연맹 산하의 조선무용예술협회가 결성되었다. 이들은 8월에 3일 동안 국도극장에서 창립기념공연을 가졌는데, 50여 명이 출연했다. 이 무대에서 송범은 박용호의 <해방>을 보고 감동을 받았다.2)

이 협회가 결성됨으로써 앞서의 건설본부 역할은 소멸되었다. 조택원(위원장), 함귀봉(咸貴奉, 부위원장), 문철민(서기장), 박용호, 장추화(서기국원), 정지수, 조익환, 한동인, 진수방, 김세택, 손정애, 한정희, 조익환 등이 회원으로 가담했다. 무용가라고 하기에는 생소한 사람들이 다수였지만 정지수의 발레는 수준급이라는 평가를 받았다.3)

중국에서 광복을 맞은 최승희는 1946년 5월에 자녀를 대동하고 서울로 귀국했다. 남편 안막은 중국에서 평양으로 귀국했다. 최승희는 조선무용예술협회에 가담하지 않고 칩거하고 있었다. 김백봉의 증언에 의하면, 조택원이 최승희의 집을 찾아왔다. 예술협회 가담을 권유하려는 목적이었다. 친일파 문제로 현실과 거리를 두려했던 최승희는 그 요청에 응하지 않았다. 한참 뒤에 송범이 최승희의 거처에 찾아왔다. 그러나 출타한 시간이어서 집에 있던 김백봉만이 송범을 만났다. '내일 다시 오라' 했는데, 최승희의 월북으로 송범과의 대면은 이루어지지 못했다.4)

1946년 6월에 전통무용가들이 주축이 된 대한무용예술협회가 결성되었지만 별다른 활동 없이 해체되었다. 이 협회에는 김천방(위원장), 양선방, 김삼화, 함미원, 정인방, 김윤학 등이 가담했다.5)

1946년 9월에 함귀봉은 미군정청 문교부의 승인을 얻어 조선교육무용연구소를 설립했다. 함귀봉은 과거 일본에서 미키 히데토(三木秀人)라는 이름으로 교육무용연구소를 운영한 적이 있었다.[6] 연구소는 무용 창작 실천과 교육 지도자를 양성하려는 목표를 세웠다. 아동과(보육교사 대상), 본과(남녀 교사 및 대학과정 이수자를 대상), 여중과(여중생 대상), 연구과(본과 이수자를 대상)를 두었고, 함귀봉을 비롯해 조택원, 유지수, 조익환, 장추화, 김보남, 문철민 등이 강의를 담당했다.[7]

이 연구소에서 잠시 수학한 인사들은 제1기생 김문숙(金文淑, 1928-), 정혜옥, 제2기생 차범석(車凡錫, 1924-2006), 조동화(趙東華, 1922-2014), 김경옥(金京鈺, 1925-2010), 최창봉(崔彰鳳, 1925-), 제3기생 정순영, 정병호(鄭昞浩, 1927-2011), 옥후현 등 다수에 이른다. 무용에 대한 인식이 낮고, 경제적으로 어려운 시기였으므로 연구소의 운영은 순조롭지 못했다. 아직 체계적인 교과목과 지도자를 갖추지 못한 어수선한 과정이었다.

1947년 5월에 2일간 국제극장에서 「함귀봉무용발표회」가 열렸는데, 교육무용계의 김혜성 등 30여 명이 출연했다. 당시 내한 중이던 미국의 여류 무용가 S. 와이리, A. 바레라스가 찬조 출연해 이목을 끌기도 했다. 이 연구소의 활동이 발판이 되어 1949년에 중앙교육무용협회가 결성되었다.[8]

1946년 10월 한동인(韓東人)이 주축이 되어 창단된 것이 서울발레단이었다. 한동인은 고전발레를 처음 본격적으로 수용한 무용가이다.[9] 그는 일본에서 엘리아나 파블로바(Eliana Pavlova, 1899-1941)에게 발레를 배웠고, 광복 후에 서울로 귀국했다. 엘리아나는 안나 파블로바의 제자로서 러시아 혁명을 계기로 1920년에 일본에 와서 가마쿠라(鎌倉)발레연구소를 개설하고 후진을 양성한 무용가이다. 이 발레단은 한동인의 지도로 <공기의 정>(1946) <사신과 소녀> <민족의 피> <장열(葬列)>(1947) <장미의 정> <꿩>(1949) <인어공주>(1950) 등을 공연했다.[10)]

## 2) 조택원 선생

송범은 1942년 중학교 3학년 다닐 때부터 조택원 선생과 인연을 맺었다. 무용가의 길을 선택한 것이다. 선생은 어린 송범에게 말했다. '너는 남자니까 될 수 있으면 무용은 하지마라. 여자는 2년 만에 출세할 수 있지만 남자는 10년을 해도 출세하기 어렵다.'라고. 자신의 쓰라린 과거를 기억하며 그렇게 말했다. 선생의 '말씀'은 송범의 의지를 꺾지 못했다. 그는 선생네 온갖 잡일을 도와주며 틈만 나면 열심히 무용을 배웠다.[11)]

"무용이란 단순한 육체적인 기술이 아니고 영혼에서 우러나오는 심층의 절규이자 그 정신의 발로이다. 그래서 나는 무용이란 낱말 대신에 무상(舞想)이라 불렀으면 한다."[12)] 이렇게 조택원은 예술로서의 무용을 중시했다.

친일파로 비판 받던 조택원은 광복 후 아무런 일도 할 수 없었다. 여러 가족의 생계를 위해 유일한 재산이었던 돈암동의 연구소를 팔 수 밖에 없었다. 무용계를 떠날 각오까지 했다. 1947년 6월에 「도미(渡美) 고별공연」을 가졌다. 무용수는 자신과 제자 임경희 뿐, 나머지 여섯 사람은 무력한 보조자들이었다. 당

시 조선은행은 그의 명성을 근거로 특별 융자를 해 주었다.[13)]

그는 1947년 10월에 인천항에서 미국을 향해 떠났다. 그러므로 송범이 조택원무용연구소를 다닌 것은 광복 후부터 선생이 도미하기 전에 연구소를 정리하기까지 2년이 좀 넘는 기간이다. 그 동안 연구소에는 선생의 휘문중학교 선배이자 시인인 정지용(鄭芝溶, 1902-1950)이 자주 들렀다. 조택원은 1933년 2월에 경성공회당에서 제1회 무용발표회를 가졌는데, 그때 기생 김백옥에게 배운 <승무>를 바탕으로 안무한 <승무의 인상>을 발표했다. 이 작품은 1943년 정지용에 의해 <가사호접>으로 제목이 바뀌었다.[14)] 태평양전쟁 기간, 광복 이후의 조택원무용연구소는 활발하지 못했다. 연구소에는 덩그러니 공간만 있었고, 선생은 가끔 모습을 나타냈다.

송범은 과거 이시이 바쿠로부터 전수 받은 기본기(基本技) 워킹 발레라는 것을 조 선생에게 배웠다. 발레에서 고도화된 테크닉을 제외하고, 기본적으로 할 수 있는 동작인 바뜨망, 그랑 쥬제뜨, 삐루엣, 그랑 쥬떼 같은 것이었다. 그 연습은 주로 선생의 제자인 선배 누나들이 시켰다. 그러니까 송범이 선생에게 직접 지도 받은 것은 통산 열 번도 안 되었다. 조 선생의 제자 가운데 진수방(陳壽芳, 1921-1995)이 있었다. 송범은 그에게 스페인 무용을 조금 배웠다.

도시락을 두 개씩 싸 가지고 다니며 매일 아침부터 저녁까지 열심히 했다. 무용 이외에는 하고 싶은 것이 없어졌다. 선생에게는 시간당 얼마다, 한 달에 얼마다 하는 레슨비가 없었다. 크리스마스 때 꿩 두어 마리 갖다드리는 정도였다. 그 대신 선생

일이라면 무엇이든지 다 도와 주었다.[15]

선생은 제자들에게 겁을 많이 주었다. '무용이란 것은 어려운 것이다.'라고. 당시 송범은 선생에 대하여 야속하다는 생각을 했다. 왜 제자, 후배들의 사기(士氣)를 북돋아 주는 말은 않고, 춤을 체념하기에 알맞은 말만 해 주었을까. 그러나 아무리 생각해 봐도 선생은 화려했고 예술가다웠다.[16] 선생에게 받은 이런 충격은 후일 송범으로 하여금 자신의 제자들을 아끼고 격려하는 지도자의 마음으로 승화되었다.

1960년 5월에 조택원은 오랜 외국 생활에서 귀국했다. 그를 미워했던 이승만정부가 4 · 19 학생혁명으로 붕괴되었기 때문이다. 송범은 13년 만에 선생을 다시 만났다. 1962년 9월에 송범은 「무용 20주년 발표」를 열었다. 이 공연에 대해 조택원은 제자 송범의 무용을 '처음 관람했다'고 하면서, <사바의 유혹>에서 보여준 승려상(僧侶像)보다는 <광열의 고독>에서 현대인의 이미지가 훨씬 몸에 배어 있었다고 했다. 송범의 공연은 한국적이기보다는 현대무용이 더 체질적인 것 같다는 인상을 선생에게 심어 주었다.[17]

1976년 6월 선생이 작고한 뒤, 그해 10월에 국립무용단이 개최한 「종합무용제」에서 송범은 선생의 대표작인 <가사호접(袈裟胡蝶)>을 추었다. 이 공연에서 느낀 감정도 역시 선생은 '멋진 예술가였구나' 하는 것이다. 그는 선생에 대한 감사를 영원히 잊지 않았다.[18]

이듬해 11월, 국립극장에서 「조택원 선생 추모공연」이 열렸다. 이 무대에서 송범은 역시 <가사호접>을 추었다. 송범은 '어떤 작품이든 백 번 연습하지 않으면 무대에 나가지 말라'는 선생의 말씀을 성실히 지켰다. 송범은 공식적으로 스승의 춤을 대물림 받았다.[19)]

### 3) 장추화 선생

1945년 송범은 19세가 되었고, 3월에 양정중학교를 졸업했다. 제대로 된 무용교육을 받지는 못했지만 제 나름으로는 무용에 열중하며 조택원무용연구소를 드나들었다. 8월에 광복이 되어 무용을 하는 젊은이들끼리 어울리게 되었다. 그때 송범의 친구들은 이월영, 조광, 정무연, 이인범 등이다.

최승희의 제자인 장추화가 서울에서 공연한다는 소식을 듣고 가서 보니, 작품이 좋게 느껴졌다. 1946년 5월 15일 「제1회 장추화무용발표회」에서 본 장추화의 춤은 질서 정연한 솔로춤이었다. 당시에는 군무(群舞)가 없는 독무 시대였다. 발표회를 보고 난 후 송범과 친구들은 장추화에게 춤을 배우고 싶다고 했고, 허락을 받았다.[20)]

송범은 삼청동에 있던 장 선생의 무용연구소를 찾아갔다. 김진걸(金振傑, 1926-2008)과 주리(朱莉, 1930-)는 그 연구소에서 만나 친구가 되었다. 수학한 기간은 각자 차이가 있지만, 당시 이시이 바쿠의 제자로 일본에서 수학한 이들은 최승희, 조택원, 조용자, 박용호, 박영인이다. 그리고 최승희의 제자로는 장추화를 비롯한 김백봉(金白峰, 1927-), 김민자, 박외선, 이석예, 김미화 등이 있었다.

일본에서 발간된 『최승희 자료집』에는 공연기간에 최승희와 제자들이 함께 찍은 장추화의 사진이 몇 장 보인다. 1943년 10월의 사진과 1944년 여름의 사진을 살펴보면, 장추화는 키가 크고 늘씬한 체격이고, 단발머리로 갸름한 얼굴에 미녀의 모습이다.[21)]

주리는 배화고등여학교 다닐 때 최승희의 공연을 보고 무용가가 되기로 결심했다. 일본에 건너가 잠시 최승희의 지도를 받아 보았지만 경제문제로 귀국해 진수방에게 사사했다. 조선악극단에서 공연하면서 한국무용은 김민자, 발레는 정지수에게 배웠다. 광복 후 악극단은 흩어졌고, 주리는 송범을 만나게 되었다. 송범과 콤비가 되어 그녀가 1970년 마드리드 왕립무용학교로 유학을 떠날 때까지 함께 활동했다. 1982년 그녀는 스페인 여왕이 후원하는 스페인무용위원회의 정식회원으로 추대되었다.[22)]

창고를 비워 만든 삼청동 장추화무용연구소는 별로 좋지 않은 곳에 있었다. 명동에 있던 폐허 같은 가네보(金寶)백화점 건물(한때 원호청 건물로 사용)이었는데, 그 건물에 한 칸을 무용연구소로 얻었다. 그러나 연구생이 점차 많아져 좀 더 좋은 장소를 찾게 되었다. 이후 동숭동 경성제국대학(전 서울대학교 문리과대학, 현 대학로) 뒤쪽에 새 장소를 얻게 되어 무용연구소를 옮겼다. 장 선생 연구소에서는 송범이 중심이 되어 연구생들이 한 달에 얼마씩 적은 수강료(1990년 말의 수준으로 약 2-3만 원이나 되는 금액)를 걷어서 드렸다. 장 선생은 애인 김연만이 모피장사를 해 경제 여건이 비교적 좋은 편이었다. 그는 일본 게이오(慶應)대학 출신으로 1940년대 대표 문학잡지인 『문장』

을 후원하기도 했던 인물이다.[23]

광복 이후에도 한참 동안 친구들은 송범을 '마쓰이상'이라는 일본 이름으로 불렀다. 장추화의 공연을 보고나서 조동화는 무용이 하고 싶었다. 그가 장추화무용연구소에 찾아갔더니, 먼저 마쓰이상을 만나라고 했다. 장 선생은 송범의 거처를 알려 주었다. 이렇게 해서 을지로2가 대로변에 있던 '국제보도사'를 찾아갔다. 형이 경영하는 잡지사였다. 그는 송범에게 무용의 기본을 배우기 시작했다. 그러나 춤을 배우면서 자기에게 재능이 없다는 것을 깨달은 조동화는 춤을 그만두었고, 연하인 송범과 평생 친구로서 비평 활동을 하며 지냈다.[24]

그때 한동인은 무용연구소가 없어서 쩔쩔 매고 있었다. 어느 날 동숭동의 장추화 선생을 찾아왔다. 선생은 송범 일행에게 발레를 가르쳐 주는 조건으로 주중 정한 시간에 연구소의 사용을 허락했다. 조택원 선생은 미국으로 떠나기 전에 돈암동 집을 팔고 갈 데가 없어지자 잠시 장추화연구소에 와 있기도 했다.

장추화는 제자들을 잘 위로해 주고 다정해서 여러 사람이 그 공간을 드나들었다. 그녀는 최승희가 추었던 마리 뷔그만의 현대무용 기본을 상세히 적은 '노트'를 가지고 있었는데, 인도무용과 전통무용, 모던 댄스 세 가지를 할 수 있었다.[25] 송범이 보기에 장 선생은 모던 댄스의 기본에는 취약했던 것으로 느껴졌다.[26]

장 선생의 회고에 의하면, 최승희는 우다이 샨카르의 영향으로 인도무용을 배우고 싶어 했다. 그러나 해외 공연 중이었고 너무 어렵게 지내는 처지라서 그럴 여유가 없었다. 일본에 돌아

온 뒤에 자기 대신 장추화를 인도무용연소에 가서 배우도록 했다.[27] 송범의 파트너로 활동한 김문숙은 장추화의 배경에 대해 "최승희의 제자들은 일본에서 이토 테이코라는 무용가에게 인도춤을 배웠다. 장추화는 그 가운데 한 사람이었다."라고 설명했다.[28]

이토 테이코(イトウテイコ)는 뉴욕에서 태어난 일본계 2세로 본명은 오노 테이코였다. 오페라 가수인 이토 유지(伊藤祐司, 1897-1963)와 결혼해 여러 지역을 순회하며 살았다. 1935년에 아시아를 순회하다가 발레섬에서 차왕(Cawan)이라는 무용가에게 발리춤, 인도춤 등을 배웠다. 이것이 원동력이 되어 도쿄에서 한동안 인도무용연구소를 개설하고 가르쳤다. 장추화가 인도무용을 하게 된 것은 이런 배경이었다.[29]

송범은 최승희가 공연한 <노이에 탄츠>라는 10분짜리 작품을 본 기억이 있었다. 그리고 조택원, 장추화 선생에게 배우고, 스스로 쌓은 실력을 바탕으로 문제의 최승희의 '노트'를 해득할 수 있었다. 보고 또 보고, 실연하면서 연구했다. 말하자면 송범은 장추화 선생의 조교 역할을 한 것이다.[30]

송범은 앉아서 하는 것, 누워서 하는 것, 넘어지는 법, 몸의 신축 동작, 발동작 등, 현대무용 기본을 45분짜리로 하여 만들어냈다. 순전히 몸을 형성하는 동작이었다. 물론 그것이 정확한 뷔그만의 기본인지 분명하지 않았지만, 당시로서는 '기본이란 이런 것이구나' 하는 것을 짐작할 수 있을 정도의 수준은 되었다. 이 기본의 훈련은 그 후 송범을 비롯한 무용가들에게 크게 도움을 주었다.[31]

최승희에 관하여, 여기서 덧붙일 이야기가 있다. 그녀는 일본군 위문공연으로 중국에서 순회공연하던 중 조국의 광복을 맞았다. 1946년 5월 말에 그녀는 딸 안성희를 대동하고 서울로 귀국했다. 그해 7월 20일 그녀는 안막의 강권에 못 이겨 가족들을 이끌고 인천을 통해 평양으로 가버리고 말았다. 2개월 남짓한 서울 생활이었다. 이때 최승희는 제자가 하는 장추화무용연구소를 찾은 적이 있었다. 송범은 연구소에서 '우리 근대무용의 신화적 존재'인 최승희 선생을 감격스럽게 만날 수 있었다. 최승희와 장추화는 함께 공연을 할 계획을 세웠지만 갑자기 월북하는 바람에 무산되었다. 딸 안성희는 연구소에 나와서 송범과 함께 연습을 하기도 했다.[32)]

## 4) 최초의 발표

1947년 11월 중앙소극장에서 중국 영화 행사와 같이 한 장추화무용단의 공연이 벌어졌다. 이 무대에 송범은 4분짜리 <습작(習作)>이라는 현대무용(現代舞踊)을 가지고 출연했다.[33)] 이 무렵 송범은 전통무용은 어쩐지 부자연스럽고 강렬한 표현이 없어, 하고 싶은 마음이 없었다.[34)] <습작>이 공식적인 그의 첫무대였다. 그때 평론가 문철민은 송범이 무용에 대해, 그가 평소 신체훈련에 열중해 온 것을 바람직하게 평가하며, 그의 장래에 대한 기대감을 나타냈다.[35)]

1948년 10월, 국제극장에서 선생의 제2회 장추화무용발표회가 열렸다. 송범은 용감하고 씩씩한 독무 <천하대장군>과 <주

검>, 연구생들의 현대무용 군무 <새벽>에 출연했다. 장 선생은 그 공연의 프로그램에서 '40이 넘어서 정열이 식어가는 나에게 정열을 불태워 준 송범 군을 여러 분에게 소개합니다'라는 요지의 따뜻한 격려를 해 주었다.[36)]

<천하대장군>은 가부키무용을 바탕으로 만든 최승희의 원무(元舞)인데, 장 선생이 재안무한 것이다.[37)] 송범은 연습을 너무 열심히 한 탓에 관절에 염증이 생겼다. 그는 의지로 이겨냈다.[38)] 당시의 무용가들은 제자를 열심히 지도하지 않았다. 정말 자기가 '이 사람이구나' 하는 마음이 들면, 그 제자를 열심히 지도했는데, 장 선생은 송범에게 모든 춤을 솔직하게 보여 주며 연습할 정도로 송범을 아꼈다. 이런 계기로 선생의 춤을 모두 배울 수 있었다.[39)]

뒷날 송범은 선생을 회고하는 글에서 다음과 같이 말했다. "지금 생각하면 위대한 선생한테서는 위대한 제자가 나올 수 없다는 말이 조금 이해되는 것 같다. 이렇게 말하면 나를 스스로 위대하다고 여기고, 장추화 선생을 욕되게 하는 말이 되는지는 모르나, 그런 뜻은 아니다. 솔직한 말로 선생은 예쁜 한국춤이나 인도춤 밖에는 할 줄 몰랐다. 당시 우리가 그 무용연구소로 간 것은 단지 (연습이) 편해서였을 뿐이다. 그곳이면 각기 자기 개성대로 할 수 있어서 모인 것이지, 꼭 그 선생이 필요해서는 아니었다."[40)] 이에 덧붙여, "사실 선생이 너무 위대하면 그의 간섭을 받게 되고, 또 선생을 그대로 닮아버려 진정한 자아를 찾지 못할 수도 있었다. 나는 지도하는 국립무용단 단원들에게 송범을 닮으란 말을 하지 않는다. 그들 춤에 간섭하지 않

고 되도록 자기를 발견할 수 있게 한다. 나 또한 역시 위대하지 못하기 때문이다."[41] 장추화 선생 밑에서 다진 송범의 창작태도는 이렇게 후일 국립무용단 단원들의 안무와 지도에서 활용되었다.

여기에 광복 후에 송범이 무용계와 얽힌 이야기를 덧붙이기로 한다. 선전, 선동에 들떠있던 좌익 측은 젊은이들을 유혹했다. 송범은 무용에만 열중했는데도 자신도 모르게 선배들에게 정치적으로 이용당했다.

김막인(金漠人)은 무대에서 거미줄이 있는 검은 옷, 붉은 옷을 입고서 38선을 상징하는 듯한 긴 줄을 넘어서는, 그런 이상한 작품을 만들어 공연했다. 1949년 11월에 김막인이 안무한 <애착>은 이렇게 공연되었다. 작품에 동원됐던 박이랑, 최가야와 함께 송범은 경찰에 불려갔다. 경찰은 작품의 숨은 의도를 솔직히 밝히라고 했다. 송범은 상징적인 내용을 말로 표현할 수 없어 정말 곤혹을 치렀다. 중부경찰서에서 8일간 구류되었다가 풀려났다.[42]

김막인에 대해서는 그 전에 악극단 같은 데서 안무를 한 일이 있다는 정도 이외에 아는 것이 별로 없었다. 그가 발표 준비를 한다고 자주 동숭동 연구소로 찾아왔다. 어느 날, 출연자가 모자란다고 장 선생에게 애로를 털어 놓았다. 그래서 당시 함귀봉이 하던 명동의 조선교육무용연구소에서 박이랑과 최가야를 데려 왔고, 장추화무용연구소에서는 송범이 차출되어 작품을 만들게 된 것이다.

당시 무용수들은 누구나 춤추고 싶어 했고, 도움이 필요하다니까 송범은 순수한 의도로 따라 나갔을 뿐이다. 그런데 한 마디로 김막인은 별로 가진 것이 없었다. 별난 짓을 하여 영웅이 되려고 했을 뿐이지, 사상적인 좌익은 아니었다. 그는 35세 가량으로 보였다. 그때 김막인이나 박용호나 생활은 너무 비참했다. 저렇게 비참하게 살 바에는 왜 무용을 하나 하고 동정이 갈 정도였다.[43)]

송범은 한동인에게 1년가량 발레를 배웠다. 몸의 기초로서 이미 워킹 발레를 어느 정도 익히고 난 뒤였다. 그전에 박용호에게는 3개월 동안 배워 보았지만 별것이 아니어서 그만 둔 적도 있었다.[44)] 송범은 나이라든지 선후배라든지 하는 것을 가리지 않고 자신이 필요하고 좋다고 인정되면 누구에게나 무용을 배우고자 했다.

당시 그는 자신의 심정을 다음과 같이 토로했다.

"나에게 가장 행복한 순간은 정다운 친구들을 만나는 것도 아니고 애인을 만나 사랑을 속삭이는 것도 아니다. 다만 연습장에서 바(bar)를 쥐고 연습하는 순간뿐이다. 바만 쥐면 쓰라리고 안타까운 고민도 머리에서 사라지고 허기지는 줄도 모른다. 하나, 둘 리듬에 맞추어 하루 하면 하루, 이틀 하면 이틀, 숙달되는 즐거움을 경험하지 못한 사람은 인식하지 못할 것이다. 오로지 우리와 같은 세계에 있는 사람만이 공감할 수 있는 것이다. 날이 가고 기교가 숙련되면 될수록 무용예술은 우리에게 가장 친근하고 가까운 예술부분이 된다. 그러나 왜 이렇게 탐구하기 어려운 것일까?"[45)]

이 시기에 대하여, 안제승은 다음과 같은 글을 남겼다.

"1948년에 한 가지 특기할 일은 김미화 무용발표회와 앞서 말한 김막인 무용발표회에 송범과 임성남(林聖男, 1929-1985)이 등장했다는 사실이다. 두 사람은 한동인에게 발레를 배운 사이였다. 물론 송범의 경우는 이보다 앞서 장추화의 중앙극장 공연에서 데뷔했다. 후일 우리나라 무용계의 핵심이 되어 준 두 남성 무용가의 출현은 1948년의 무료(無聊)를 덮고도 남을 경사가 되었지만, 당시는 누구도 그와 같은 미래를 점치는 사람이 없었다."[46]

문철민은 <습작>(1947)에 대해 '신인이 데뷔할 때 흔히 있듯이 자기도 잘 모르는 초현실적 괴작(怪作)으로 관객을 기만하려 하지 않고, <습작>이라는 겸손한 제목으로 테크닉 시스템을 보여 준 태도는 그윽이 호감을 가질 만하였다. 그의 균형 있는 육체와 아크로바틱 하게 움직이는 기교는 가히 전도를 촉망케 한다'고 기대감을 나타냈다.

그러나 그의 움직임은 모던 댄스적 체계가 아니라 무비판적 혼용(混用)에서 비롯된 동작이 다분하고, 사상이 아니라면, 감정이라도 담아야 하는 작의(作意)가 잘 보이지 않는다고 했다. 장차 신체훈련만이 아닌, 무용사, 무용미학, 무용해부학을 비롯해 예술 일반에 관한 식견을 넓히면서 새로운 무용을 해 주기를 희망했다. 문철민은 이렇게 송범을 비평했지만 객관적으로 문철민을 포함해서 당시 현대무용의 체계를 제대로 이해하고 있는 무용가는 국내에 존재하지 않았다는 것이 필자의 생각이다.[47]

정병호는, 1949년에 송범이 발표한 <출진>을 수작으로 평가했는데, 이는 이월영의 북 반주만으로 연행된 힘찬 춤이었다.[48]

이 작품은 원시인들이 용맹스럽게 사냥이나 전쟁터로 나가는 모습을 북소리에 맞추어 추는 춤이다. 머리에 띠를 두르고 상의를 벗고 맨발에 방울을 달고 울리며 신명나게 추었다. 발뒤꿈치로는 바닥을 치며 경쾌하게 무대를 돌며 추는데, 보는 사람들에게도 힘을 솟게 했다.[49] 뒷날 송범은 <출진>을 1천 번 이상 춘 춤이라고 회고했다.[50]

이상에서, 당대에 사용된 용어들을 그대로 따르다 보니, 신무용, 노이에 탄츠, 현대무용, 모던 댄스, 고전발레 같은 말들이 혼잡스럽게 등장했다. 송범 생애의 '무용에 입문하기까지'를 정리하면서 이 용어의 개념들을 부연할 필요를 느낀다.

독일식 노이에 탄츠는 일본에서 그대로 신무용으로 번역되었다. 독일의 노이에 탄츠는 당시 유럽에서 유행한 장식적(裝飾的) 개념인 아르누보(art nouveau)와 유사한 무용적 개념이다. 라반과 뷔그만 무용이 나타나기 전까지의 고전발레에 대한 반발로 나타난 근대적인 무용운동이었고, 거기서 나타난 여러 가지 실험적인 작품류(流)를 통칭했던 말이다.[51]

라반과 뷔그만의 무용이 나타나서 무용의 방법은 획기적으로 바뀌었는데, 이때부터 모던 댄스라는 용어가 사용되기 시작했다. 이 모던 댄스가 현대무용에 해당한다. 송범이 <습작>이라는 작품으로 활동을 시작했지만 라반이나 뷔그만에게 사사(師事) 받은 적은 없었다. 그럼에도 불구하고 그를 현대무용의 무용가로 부른 것은 다소 막연하지만 '뷔그만류'의 무용을 한 무용가라는 의미를 지닌다. 아울러 우리 무용사에서는 신무용과 현대무용이라는 개념이 혼돈스럽게 자주 사용되어 온 것을 유념할

필요가 있다. 발레에 대하여는 뒤에서 서술하기로 한다.[52)]

### 5) 송범과 마리 뷔그만

앞서, 송범에 의해 마리 뷔그만(Mary Wigman)식의 표현 기본이 우리에게 수용(受容)된 사정을 밝혔다. 아울러 송범이 재생해낸 그 기본이 자신은 물론, 다른 무용가들에게도 이식되었다고 했다. 이런 방법으로 다른 문화가 이식(移植)되는 현상을 굴절(屈折)이라 한다. 직접적인 전수(傳授)가 아니라, 굴절을 통해 뷔그만식은 송범의 방법으로 자리를 잡았고, 또한 활용되었다. 여기서 잠시 뷔그만에 대하여 살펴보기로 한다.

뷔그만은 달크로즈(Emile Jacques Dalcroze, 1813-1869)의 제자들이 추는 무용을 보고, 충격을 받아 무용을 하게 되었다. 드레스덴 근처의 할렐라우에 있는 달크로즈 스쿨에 입학해 응용 리듬을 통한 무용교육을 받았다. 이 교육은 '율동체조로 통칭되던 음악적 동작훈련 체계'였다. 지나치게 음악적 요소를 강조하는 데 저항을 느끼고 그곳을 떠나 이탈리아 편력에 나섰고, 1913년 화가 에밀 놀데(Emil Nolde, 1867-1956)의 처를 통해 개인주의적 무용가인 루돌프 폰 라반(Rudolf von Laban)을 만나게 되었다.

뮌헨과 취리히에서 라반과 일하면서 뷔그만은 그의 조수가 되었다. 그러던 중 라반이 자기를 일종의 '실험 도구'로 삼는데 강한 분노를 느끼며, 그해 가을에 발표한 작품이 <마녀의 춤> 이었다. 이 작품은 걷잡을 수 없는 힘의 원시적인 폭발이었다.

춤을 보고나서, 라반은 비로소 뷔그만을 무용가로 인정해 주었다.

라반은 자기 연구에 집요한 성격이었지만, 한편으로 뷔그만에게 극장무용을 권유하고, 제자들로 하여금 각자의 무용을 찾는, 자유를 갖도록 용기를 주는 선생이기도 했다. 뷔그만은 움직임 자체를 위한 움직임에 모든 것을 집중시킴으로써, 춤의 정서적 측면을 무한정 강조할 수 있다고 느꼈다. 이 작품에서 대부분 앉은 자세로 연기했고, 자기의 모습을 악마처럼 둔갑시키는 가면을 착용했다. 탐욕스러운 갈고리 같은 몸짓들과 지면에서 둔중하게 움직임으로써 악마와 야수 같은 이미지를 나타냈다.

끊임없는 실험에 지쳐 그녀는 신경쇠약으로 쓰러졌다. 그녀는 관객들이 극장이나 실제 생활에서 좀처럼 부딪히기 어려운 소재들과 씨름했고, 이런 소재들은 인간성의 어두운 측면, 전쟁과 참화, 어쩔 수 없는 노화(老化), 죽음과 같은, 돌이킬 수 없는 본성 등이었다. 춤의 연작(連作)인 <흔들리는 풍경>은 제1차 세계대전에서 전사한 독일 병사들에게 바치는 헌사였다.

뷔그만은 1919년에 라반에게서 독립했고, 이듬해 드레스덴에 자신의 학교를 설립했다. 얼마 안 되어 이 학교는 독일 모던 댄스의 핵심으로 부상되었다. 그녀는 라반의 과학적인 방법에 정서적인 엑스타시의 형식을 첨가했다. 또한 라반식의 지적 감수성으로서가 아니라, 그녀의 정서로 받아들인 공간, 만질 수 있는 매개(媒介)의 공간을 중시했다. 뷔그만은 긴장과 이완, 밀고 당김이 교대되는 경련성 운동이라는 특수한 성질의 제스처를 발전시켰다. 이것은 결국 니체와 동방철학의 영향, 광기, 숭배, 제2차 세계대전 이후 독일의 굶주림 등이 혼합된 가운데서 비롯된 것이다.

춤이란 모름지기 무용가의 내적 체험을 표현해야 한다는 의미를 지녔다. 동시대 정서적 체험의 정직한 반영으로서 창조 및 해석의 상징인 무용을 그녀는 추구했다. 그녀를 표현주의(表現主義) 무용가라고 하는 것은 이런 점에 근거한다. 표현주의 화가 놀데로부터 정서를 표현하기 위한 '왜곡과 과장'에 대한 영향을 받기도 했다. 그녀의 춤은 놀데의 방법에 한정되지 않고, 서정적인 상황을 그린 '전원춤'의 형식을 탐구하기 위한 의식의 몸짓, '공간'을 손에 잡히는 실체처럼 나타내기 위한 공간의 형상, '음악'을 배제해 버린 침묵춤을 추기도 했다. 세 번에 걸친 미국 순회공연을 통해 커다란 반향을 일으켰고, 나치의 박해 속에서도 줄기차게 반항하며 학교를 여러 지역에 세우고 창작과 교육에 매진했다.[53)]

뷔그만은 '춤의 언어'에 대하여, 무용은 본질적으로 시간, 힘, 공간, 이렇게 세 가지 요소로 보았고, 예술가의 창조적 의지에 의한 건축과 같이 만들어 가는 작업으로 생각했다. 어떤 절대적 완성이란 있을 수 없는 것으로 여기고, 미완성을 놓고 쉼 없이 추구해가는 행위로 여겼다. 또한 '춤의 형태'에 대해, 무용수는 기계적인 역할을 하는 것이 아니라 그것을 지양한 '움직이는 오케스트라'로서 해석력과 창조성을 지녀야 한다고 강조했다. 독무, 군무, 그리고 그녀가 독특하게 부른 가무(歌舞)에서 무용수의 개성을 지적했다. 아울러 안무가는 무용 작가이자 연출가로서 역할을 해야 하며, 관객이 무방비 상태일 때, 섬뜩한 의외성(意外性)을 통해 감동을 창출해야 한다고 보았다. 뿐만 아니라 무용가들이 다른 무대예술가들의 방법(미술, 의상, 조명, 소도구 등)에 의존하는 버릇을 몹시 경계했다.[54)]

이런 마리 뷔그만의 '기본' 때문에 하나의 사건이 일어났다. 국립무용단은 1986년 유럽순회공연으로 베를린에 간 적이 있다. 작품은 무용극 <도미부인>이었다.

"나 자신은 학교일이 바빠서 못가고 대신 국수호가 단원을 인솔해서 공연을 갔었다. <도미부인> 공연이 끝나자 무용하는 젊은이들이 분장실에 들어와서 '이 작품을 누가 안무했느냐' 하고 묻더라는 것이다. 우리 송범 단장이 안무를 했다고 대답했다. 그러자, 단장님은 혹시 마리 뷔그만의 기본을 익히신 분이 아니냐 하며 다시 묻더라는 것이다. 국수호 자신도 몰랐던 사실이라고 하며 돌아와서 내게 물었다."

이렇게 회고하면서, 송범은 청년시절의 노력에 대한 감회를 토로했다.

"이런 말을 듣고는 스승에게 배우는 무용정신이나 기본동작, 기교가 어떻게 무용작품 속에 배어들고 영향을 미치는 것인가 하는 데에, 나 자신도 놀랄 정도였다. <도미부인>을 안무하면서 감정 처리, 동작의 긴장과 완화가 구체적인 춤사위에서는 (그 과정이) 나타나지 않지만, 현대무용의 기법이 무용극 전체에 호흡이나 정신으로 들어가 있기 때문에 독일 무용수들의 눈에 극명하게 드러난 것이 아니었나 싶었다."[55)]

기초 교육의 중요성을 일깨운 송범의 발언이다.

# 3. 6·25 전쟁기의 활동

## 1) 전쟁의 충격

1950년 6월 25일, 일요일 아침에 갑자기 전쟁이 일어났다. 북한의 인민군이 남쪽으로 침략한 것이다. 송범의 형 송정훈은 즉각 남하했다. 송정훈은 자유주의에 대한 신념이 강했다. 실제로 형은 북한 측이 지명한 불순분자의 명단에 든 사람이었다.

송범은 집을 지켜야 했기에 어머니를 모시고 서울에 남아 있었다. 24세의 청년 송범에게는 공산당에 대한 개념이 분명치 않았다. 1950년 6월 28일 아침, 집에 공산당의 세단차가 와서 송범을 연행했다. 그래서 붙들려 간 곳이 국립도서관(당시 서울시청 건너편)의 지하실이었다. 그들은 형의 행방을 물었다. 물론 송범은 알 수 없었다. 그랬더니 반동을 감춘 죄가 얼마나 큰지 아느냐고 공갈이 심했다.

송범은 형에 관한 일은 아는 것이 없고, 춤은 좀 할 줄 안다고 했다. 그는 그곳에 며칠 갇혀 있었는데, 그들이 그를 신통치 않게 여겼던지 놓아 주었다. 이런 사건 때문에 어머니와 송범은 시국이 몹시 불안해졌다. 그래서 집의 귀중한 물건, 공연 프로그램들, 사진 자료들을 모두 남산에 있는 아는 집에 가져다 맡겼다. 그러나 그 집이 후일 폭격 당하는 바람에 하나도 남지 않게 되었다.1)

남침을 한 공산당은 서울에 있던 예술가들을 전쟁에 이용하기 위해 조직을 서둘렀다. 이른바 인민군 협주대, 내무성 협주대, 경무대사령부, 국립극장 소속 등으로 구분해 임무를 부여했다. 이런 조직에서는 모두 인민군복을 입어야 했다. 다만 국립극장 소속만은 예술가라는 이유로 사복을 허용했다.

국립극장에 모이라는 연락을 받았다. 송범이 나가 보니 각계의 여러 인사들이 보였다. 연극인으로 김동원, 이해랑, 최무룡, 장민호, 음악인으로 계정식, 이인범, 김천애, 김자경, 김천흥(金千興, 1909-2007), 김원복, 무용가로는 장추화, 주리 등이 있었다. 북에서 조직책으로 파견된 사람은 광복 이후에 월북한 동양극장 출신의 연극인 이서향(李曙鄕, 1915-미상)과 안영일(安英一)이었다. 이들은 식민지시대 말기에 연극계를 대표하던 작가요 연출가였다.

침략군은 예술가들에게 배급 쌀을 주었다. 후퇴할 때는, '명동성당에 모여라' 해놓고, 자의든 타의든 모인 예술가들을 몽땅 북으로 데리고 갔다. 그렇지만 전쟁이 가열되자 송범은 극장에 나가지 않고 누이 집에 숨어 버렸기에 강제 납북을 면할 수 있었다.2)

1950년 6월에 한동인, 장추화, 문철민, 박용호, 최가야 등은 납북되었다. 김막인 등 몇몇은 살해되었고, 함귀봉은 행방불명이 되었다. 그해 겨울부터 북한에 있던 김백봉, 안제승(安濟承, 1922-1996) 부부, 전황(全璜, 1927-), 강이문, 권려성(1932-), 장홍심, 한순옥, 김백초 등이 월남했다.[3)]

장추화는 1950년 9월 24일 이북으로 가면서 연구생들에게 자신은 사상 문제와는 관계없이 무대 활동을 한 바람에 끌려가는 것이라고 했다. 송범에게 웬만하면 정치가 안정될 때까지는 무용을 쉬라고 당부했다. 선생은 송범의 형과 집안 사정을 잘 알고, 또 자기도 원하지 않게 끌려가는 판이어서 그렇게 애정 어린 염려를 해 주었다. 떠날 때, 장추화는 자기가 월북하면 미제(美製) 화장품을 못 쓴다느니, 잘 먹기도 글렀다는 식의 소소한 말을 했는데, 송범은 후일 그것을 생생하게 기억했다.[4)]

그 난리 통에도 송범은 무용 연습이 얼마나 하고 싶었던지, 틈만 나면 몰래 옥상에서도 하고 지하실에서도 했다. 1950년 여름에 북한 무용단이 서울 시공간(현 명동예술극장)에 와서 '이른바 서울 점령을 기념하고' 아울러 '싸우는 인민군들을 전지 위문하기 위한' 공연을 하는 일이 벌어졌다. 당시 그 무용단에는, 최승희의 딸 안성희와 최승희의 수제자 김백봉도 들어 있어, 송범은 그들을 만났다.[5)] 안성희는 어머니 최승희보다 키가 작았지만 눈이 컸다. 부채춤을 잘 추었는데, 표현이 아주 확실했다. 그녀는 인민군을 위안하러 다니다 발에 큰 상처를 입고 동상까지 걸려가며 구사 일생으로 살아 남았다.[6)]

1950년 9월 28일에 국군이 북진해 서울이 수복되었다. 전투가 계속되는 동안, 정부는 국군의 사기를 높이고 국민들의 불안한 마음을 위로하기 위해 육군본부에 문화공작대를 설치했다.

여러 분야의 예술가들이 이 공작대 소속으로 편입되었다. 무용인으로는 송범, 김윤학, 김진걸, 김경옥, 조동화, 정막(일명 정순영), 김문숙, 허경자 등이 참가했다. 이들은 1950년 11월 서울시공관(부민관)에서 '시민 위안 공연'을 했다.[7] 애초에 육군본부가 계획했던 문화공작대의 전선(戰線) 위문공연은 전투의 격화로 실행되지 못했다.[8]

이때 송범이 발표한 것이 <수련몽(睡蓮夢)>이었다. 이 작품은 송범이 덕수궁 연못에서 빨갛고 흰 연꽃이 핀 것을 보면서 생각해낸 것이다. 살벌한 전쟁 속에서 잠시나마 평화를 꿈꾼 자신의 모습이었다. 당시 그에게 날개라도 있었다면 무한한 창공을 멀리멀리 날고 싶었다. 드보르작 작곡의 감미로운 <유모레스크>를 가지고 그것을 만들었다.[9] 이 무렵에 그는 동숭동에 송범무용연구소를 차리고 활동을 해 보려고 했다. 그렇지만 곧 피난길에 올라야 했다.[10]

여기서 후일담을 하나 덧붙인다. 1999년인지, 2000년인지 분명하지는 않지만 송범은 중앙정보부에서 한 통의 전화를 받았다. 북한에 있는 장추화를 아느냐는 문의였다. 그러고 나서 중국의 중개인을 거쳐 온, 한 통의 편지를 받았다. 장추화가, 남한에 있는 여동생을 찾아 소식을 알려 달라는 내용이었다. 당시에는 북한이 외화벌이를 위해 그런 편지를 다른 사람들에게도 자주 보내던 시절이었다.

송범은 무용협회에 그 편지를 보냈다. 그리고 그 여동생을 찾아보도록 부탁했다. 장추화의 여동생을 찾았다는 소식을 듣지 못했다. 그리고 어떤 이유에서인지 그 편지도 분실되었다는 소

식을 나중에 듣게 되었다.[11)]

불필요한 오해를 피하기 위해, 여기서 잠시 김백봉에 대해 언급해 두기로 한다. 1950년 10월 19일 유엔군에 의해 평양이 함락되었다. 그곳에서 최승희 가족과 함께 지내던 김백봉·안제승 부부는 북한 체제의 한계를 느끼고 월남을 결심했다. 유엔군을 멀리하고 중국을 향해 피난길에 나서는 최 선생의 일행과는 반대로 월남 행을 선택하게 됨으로써, 두 사람은 오늘날까지 한국의 무용가와 연출가로서 존재성을 갖게 되었다.

월남 후에도 김백봉은 지난날 최 선생과의 관계 때문에 숱한 고난을 겪어야 했지만 꿋꿋하게 자유혼(魂)을 지키며 창작에 몰두했다. 부군 안제승은, 친형인 안막(安漠, 본명 안필승)이 최승희에게 그러했듯이, 김백봉의 작업에 지대한 영향을 끼친 예술 동반자였다. 일생 동안 모든 공연 작품의 학술적 배경을 제공하며 연출을 도맡아 주었다.[12)]

김백봉은 남쪽으로 내려온 이북 출신의 무용가들을 규합해 1956년 4월에 <우리 마을 이야기> <철의 장막> <부채춤>과 같은 작품을 발표했다.[13)] 이 중 <철의 장막>은 현대무용이었고, 강렬한 힘이 내재된 느낌을 주는 작품이었다. 아마도 김백봉은 마리 뷔그만류(流)의 현대무용 테크닉을 섭렵하고 있었기에 그런 작품이 가능했을 것이라고 송범은 생각했다.[14)]

김백봉의 월남은 남한의 무용계에 하나의 큰 변화를 가져왔다. 그때까지 남한의 무용계는 독무 중심이었다. 그러나 김백봉의 공연에서 군무다운 군무가 처음 등장했다. 송범은 수차 김백봉의 군무(群舞)에 대한 공적을 높이 평가했다.[15)]

## 2) 피난지에서 활동

전쟁은 남한의 유능한 작가와 예술가들을 하루아침에 없애 버렸다. 무용계의 공백도 크기만 했다. 최승희와 조택원의 뒤를 이은 무용가들이 일시에 대거 사라졌다. 본의 아니게 송범은 젊은 나이에 무용계의 중심인물이자 선도자가 되었다. 책임이 더욱 무거운 것을 느꼈다.

1951년 1월 4일, 이른바 1·4후퇴 때 20여 명의 무용가들은 서울을 출발해 대구로 남하했다. 여전히 육군본부 정훈국 문화공작대 소속으로서 대우를 받았다. 보통사람은 이용하기 어려운 기차를 탈 수 있었고, 당국의 도움을 받을 수 있었다. 피난지에서는 한국무용단(단장 조동화)이라는 명칭으로 활동할 수도 있었다. 대구에는 송범을 비롯해 주리, 김문숙, 김경옥, 정막, 이월영, 김진걸, 정석철, 이인범, 최선희, 옥후현, 김수길, 최미연, 장순방 등이 모여 지냈다.[16)]

당시 실화를 하나 소개하기로 한다. 1·4후퇴 때, 송범, 김경옥, 조동화는 함께 남행열차에 올랐다. 한밤중에 중앙선을 내려가던 중 너무 추워서 어느 정거장에 내렸다. 뜨거운 국밥을 시켜 먹느라고 그만 기차를 놓치고 말았다. 뒤에서는 은은한 포성이 울리고, 그들은 얼어붙은 밤하늘을 바라보며 철로를 따라 정처 없이 걸어갔다. 철교를 걸어 넘기란 여간 어려운 일이 아니었다. 다행히 다음 역에서 그 기차를 다시 탈 수 있었다. 6일만에 대구에 도착했다. 목적지인 대구시 북성로 2층 일본식 적산주택에 도착해 일행은 자취를 하며 활동을 시작했다.[17)]

그해 10월에 공군과 해군의 지원에 의해 무용극을 했다. 무용극은 송범이 처음 시작한 것이 아니라 전쟁 전에도 소규모로 시험해 온 형식이었다. 그 작품이 <불의 희생>이다. 반주를 맡은 해군정훈음악대는 당시 일류 오케스트라였다. 연주가 40명이 참여했고, 작곡자 성두영(成斗永, 1929-)이 지휘를 맡았는데, 부산극장에서 이틀 동안 1일 5회 공연이었다.

공군에는 송범의 양정중학 2년 선배가 있었다. 작품을 도와줄테니 오라고 해서 찾아갔다. 그곳에서 다시 2년 후배인 성두영을 만나게 된 것이다. 성두영은 자신이 구해 놓은 인도음악 레코드를 틀어 주었다. 그 리듬에 맞추어 인도 신화의 내용을 소재로 작품을 구성하고 연습을 하자는 계획을 세웠다. 그때 참고한 책은 『인도의 전설』이었다.[18] 최무열, 주리, 장순봉 같은 미인 무용수들도 출연했다.

당시 성두영은 우수한 청년 음악가로 두각을 나타내고 있었다. 그는 음악 활동을 계속하다가 1966년에 파리사범음악학원에 유학했다. 1976년부터 1993년까지 이화여자대학교 작곡과 교수로 활동하기도 했다.[19]

아침 10시부터 <불의 희생> 공연이 시작되었다. 인도의 신화 중에 시타와 시무키가 우물가에서 사랑하는 춤을 추었던 이야기를 송범은 찾아냈다. 두 연인을 질투한 왕이 시타를 빼앗기 위해 시무키를 마지막에 불태워 죽이는 내용이었다. 순수하고 아름다운 사랑, 그리고 무서운 질투의 사살이 이어지는 서사 구조는 전쟁에 지친 당시 관객들에게 큰 심리적 위안이 되었다.

관객은 성황을 이루었다. 일반 경찰은 물론, 기마 순찰대까지

나와서 주변을 정리해 줄 정도였다. 미국에 살고 있던 조카들이 송범에게 무용 의상 재료를 보내주어 귀한 의상들도 만들 수 있었다. 나일론이 무대의상으로 만들어진 것은 이때가 처음이다. 뒷날 송범의 레퍼토리가 된 <사사의 춤>도 이 무용극 속의 한 장면이었다.[20]

<불의 희생>은 송범의 첫 번째 대작으로서 안무에 최선을 다했다. 대중적으로 성공해 큰 수익을 올렸다. 송범은 피난시절에 3백만 원의 큰 빚을 지고 있었는데, 그 빚을 모두 청산할 수 있었다. 아울러 출연자 전원에게는 수익금을 나누어 주었다. 부산만이 아니라 마산과 진주에서 공연을 하고 마치 개선장군처럼 다시 대구로 갔다. 다른 무용가들의 부러움을 산 것은 두 말할 필요가 없을 것이다.[21]

본래 송범은 1950년 가을쯤 개인 발표회를 할 예정이었다. 미리 작품이며 의상을 준비하고 있었는데 6 · 25가 터져 수포로 돌아가고 말았다. 그러나 피난지 대구에서 그때 준비했던 의상들을 가지고 가서 공연을 할 수 있었다. 그는 다른 물건들은 포기한 채 무용 의상을 싸 가지고 피난했던 것이다. 이 의상들은 다른 무용가들에게도 큰 혜택이었다. 새삼 말할 필요도 없이, 그때 무대 의상을 마련하는 것은 무척 어려운 일이었다.[22]

무용극이 화두여서 잠시 과거를 더듬어 보기로 한다. 우리 무용사에서 무용극의 창시자는 조택원으로 볼 수 있다. 그의 <만종>(1935) <춘향조곡>(1940)은 전통무용에 없었던 남녀 2인무의 무대화를 꾀한 작품이다. 이른바 발레적 듀엣이다. 프랑스 화가 밀레의 <만종>에서 영향을 받은 이 작품은 바이올리니스트 김생려(金生麗, 1912-1995)의 음악에 미인 진수방이 상대역을 맡았다. <춘향조곡>은 도쿄 히비야 공회당에서 <학>(1940)과 함께 공연할 때 막간극으로 선보였던 작품이다. 조택원은 이어서 <부여회상곡>(1942)을 발표했다.

<학>은 1939년 프랑스에서 돌아올 때 배 위에서 동양적인 발레를 의도해 구상된 것이고, <부여회상곡>은 삼국시대 백제의 멸망을 회고한 내용으로서 일본의 선전정책에 따라 당시 조선은 물론 중국까지 순회공연했던 어용극이다. 이런 조택원의 작품들은 현대무용과 발레의 방식으로 창작된 무용극의 초기 모습이었다.[23)]

송범은 대구 피난지에서 박지홍(朴知弘) 할아버지에게 <승무>를 배웠다. 조그만 방에서 어린 기생들이 먼저 배우고 나면, 송범을 지도해 주었다. 동기(童妓)들은 하루 한 시간씩 <승무>만 1년이 걸리는데, 송범은 불과 6개월 만에 끝을 냈다. 몸이 돼 있기도 했지만 밖에서도 자주 복습을 해 빨리 배울 수 있었다. 이 민속춤 <승무>를 바탕으로 작품화한 것이 <참회>(1951) <명상(瞑想)에의 동의>(1954)라는 작품이었다.[24)] 그 무렵 전라도에서 잘한다는 노인을 모셔다 김문숙과 함께 농악을 배우기도 했다.[25)]

<참회>는 상상 작곡의 <지고이네르 바이젠>을 반주로 초연되었다. 십자가에 못 박힌 예수를 배경으로 삼아 어떤 신부의 고뇌상을 그렸다. 전쟁으로 암울했던 피난지 생활과 동족상잔(同族相殘), 민족 비극의 참상을 예수의 수난에 비유하여 혼돈 속에서 구원의 손길을 갈구하던 당시의 상황을 묘사한 것이다.

유수한 무용가들이 납북되고 행방불명된 상황에서 송범은 무용예술의 장래를 깊이 걱정했다. 자기 자신도 무용에 대한 열정과 꿈이 사라지지나 않을까 하고 염려했다. 전쟁이 하루 빨리 끝나고 평화로운 가운데 정상적으로 무용 활동을 하고 싶은 심정이 간절했다.[26]

1952년 5월에 「송범무용10주년 발표회」를 열었다. 문화극장에서 <뱀의 생리학> <인도적(印度的)인 5월> <아리랑 환상곡> 등을 공연했다. 소품들이었지만 10년을 맞은 자신을 채찍질하는 심정으로 발표한 것이다.[27]

1952년 6월부터 이듬해 8월까지 송범은 숱한 소품을 창작해 발표했다. 민족적인 대참상 속에서 자신은 여전히 건재하다는 존재감을 표현해 보려는 의지의 춤들이었다. 1952년 6월, 대구 문화극장에서 관객 초대공연으로 「송범무용발표회」를 열었다. 한국무용단이 찬조 출연했고, 정봉렬이 바이올린, 성두영이 피아노 반주를 맡았다.

이 무렵에 발표된 그의 작품은 <승전보> <무녀무도(巫女舞圖)> <오월의 미소> <망향> <비창> <황홀한 시상> <칼멘> <생명의 신비> <향토의 정서> <애착> <오후의 목동> <형노(荊路)> <거미의 생태> <자연을 호흡함> <4285> <양자강> <영원한 조국> 등이다.[28]

<망향>은 슈벨트의 <미완성 교향곡>, <비창>은 차이콥스키 작곡, <칼멘>은 비제 작곡, <생명의 신비>는 리스트 작곡 등을 바탕으로 했고, <무녀무도> <향토의 정서>는 전통 가락, <거미의 생태>는 인도 타블라(tabla)[29] 리듬을 이용한 안무였다. 이

시기부터 전통 가락에 송범이 관심을 보이기 시작했다.

피난 중 어머니와 형은 부산 광복동에 거처했다. 송범은 부산으로 공연만 세 번 갔을 뿐, 계속 대구에 머물렀다. 문화극장은 전쟁기의 국립극장으로 사용되었다. 보통 밤 10시에 그날의 공연이 끝났으므로, 모든 공연연습은 무대장치를 치우고 나서 밤새도록 하는 것이 관례였다. 창작을 하는 것이 즐거워 피곤한 것도 잊었다.[30]

<양자강>은 마스네 작곡의 <타이스 명상곡>을 바탕으로 바다와 같은 물결이 천천히 흘러내리는 중국의 풍경을 묘사했다. 중국 의상을 입고 추는 광경이 이채로웠다. 현대무용도 아니고 발레도 아닌, 이런 춤을 바탕으로 만든 낭만적인 '무용시' 형식이었다. 잔잔하고 편안하고 명상적인 작품이었다. 화가인 형님의 유화(油畵) 작품 가운데 <양자강>이 있었는데, 그 그림에서 영감을 얻은 것이었다. 이 그림은 송범에 의해 일종의 무용화(舞踊畵)로 응용되었다.[31]

무용시(舞踊詩)는 무용을 위해 씌어진 시라는 의미를 지니고 있지만 실제로 무용을 위해 시를 쓰는 시인은 별로 없었다. 무용의 대본을 삼기 위해 특별히 만들어진 시들은 더러 있는데, 대개 안무가들이 의뢰한 작품이다. 연극처럼 공연하는 현대의 시극(詩劇)도 이와 비슷한 실정이다. 고대문학에서 연극 대사 자체가 시어(詩語)로 된 경우와는 구별된다. 그러나 무용 창작을 위해 기존의 시들이 소재, 이미지, 주제 등을 제공한 경우는 시대와 동서고금을 막론하고 성행했다. 무용이 시와 가장 가까운 성질을 지닌 장르이기 때문이다. 즉 시심(詩心)은 춤추고 싶은

마음, 무심(舞心)이 되기 쉽다. 음악시라는 개념도 무용시와 유사한 경우이다.32)

이사도라 던컨에서 시작된 현대무용은 기본적으로 무용시의 개념에 충실한 무용이었다고 할 수 있다. 자유로운 몸짓, 상상적인 이미지, 추상에 대한 해석, 기존 음악관에 대한 엇갈린 입장 등은 시적인 양식에 적합했다. 내적인 표현을 중요시했으므로 자연 서정적(lyric)인 춤이 되었고, 어떤 사회적 주제를 강조하려다 보니 서사적(epic)인 무용, 더 나아가 무용극으로 발전되기에 이르렀다.33)

1953년 8월, 「8 · 15경축 무용제」가 대구 문화극장에서 열렸다. 신세대 무용가들의 의기가 번뜩였고 관중은 초만원이었다. 송범, 이인범, 정막, 이월영, 주리, 최미연, 최선희, 옥후현, 김수길 등이 열연했다. 전쟁기간에 성숙한 우리 무용의 실상을 보인 무대였다.34)

이 무대에서 송범은 타악 리듬의 <힘과 선>, 민요 리듬에 최미연과 듀엣으로 <아리랑환상곡>, 리스트 음악의 <예술가의 일생>, 쇼팽 음악에 최미연과 듀엣으로 <아다지오의 밤>, 타악 리듬의 <불춤>, 모윤숙의 원작 <시>와 무용시 <여명>에서 '자유의 신' 역할 등에 출연했다.35)

시인이자 신문기자였던 김상화(金相華: 탤런트 김자옥의 부친)는 피난지에서 송범의 생활에 대하여 다음과 같이 증언했다.

"워낙 성실한 인간인 송범은 자신의 예술을 목숨처럼 소중히 간직하여 단 하루도 쉬지 않고 연구소에 나갔다. 이 시절 어떤 이는 정신적인 기둥을 붙잡을 기력조차 없어 소문 없이 사라져 버리기도 했다. 그는 단말마처럼 부조리 속에서도 도피하지 않고 함께 호흡하며, 함께 뒹굴고 울부짖으며, 쓰러지지 않고 자신을 지탱해 나갔다. 그냥 지탱하고 일어선 것이 아니라 어느덧 춤을 추는 춤쟁이 입장에서 머리를 돌리기 시작했다. 말하자면 이미지의 영양분이 되고 발상의 원천이 되는 정신적인 밑거름을 찾기 시작했다."[36]

이렇게 그의 근면성을 묘사하고 나서 송범무용연구소의 풍경을 회고했다.

"발레는 무대를 위한 무대극이어야 하고, 첫째 소재인 군무진이 있어야만 솔리스트가 융합되어 빛난다. 이것은 상식적인 앙상블의 핵심이 되는 조건이다. 피난 시절 그 어려웠던 여건 하에서도 연습장에는 항상 남녀 무용수가 20여 명씩 들끓었다. 현대무용은 산수갑산(山水甲山)이나 노래하는 평면적인 춤이 아니라, 발레에서와 마찬가지로 앙상블이 필수 조건이다. 가장 중요한 것이 남녀 공히 군무진으로 기용되어야만 한다는 본질을 송범이 파악하고 있었다. 그의 작품 <사형대> <벽> <사사의 춤> 등에서 보여 주듯, 남성 무용수와 여성 무용수의 균형이 무대 구성의 조화를 이루었다."[37]

송범과 주리는 6·25가 맺어준 '춤 짝궁'이었다. 송범은 현대무용을 했고, 주리는 스페인무용을 했지만 두 사람을 맺어준 것은 발레라는 공통분모였다. 두 사람의 신체 조건도 그렇고, 호흡도 잘 맞아 빛과 그림자 같은 존재였다. 독무가 아니라면 함께 대무를 하는 경우가 잦았다.

<뱀의 생리>(속칭 뱀춤) <불춤>은 손과 팔을 주축으로 하는

불꽃 시늉의 염상(焰上)운동으로 처리했다. 이른바 남방춤으로서 장추화 계열이 추던 춤이다. <뱀의 생리>는 뱀을 놀리는 인간의 기괴한 동작을 표현함으로써 볼거리를 만들었다. 예민한 관찰과 자연적 묘사가 생명이다. 전신을 해체하는 숙달된 동작이 없이는 맛을 낼 수 없는 춤이었다. 송범은 여자만이 할 수 있는 타블라 리듬 같은 인도춤을 가지고 <사사의 춤>이라는 남성적인 춤을 만들기도 했다.[38)]

실력 있는 많은 중견 무용가들이 월북, 납북, 또는 해외로 빠져 나가는 상황에서 국내 무용계는 그야말로 공백기였다. 송범은 폐허로 변한 무용의 재건을 위해 온 정열을 쏟아냈다. 줄곧 선구자적 위치에서, 개척자적 몸부림으로 무용 발전을 위해 온 힘을 다 기울였다.[39)]

# 4. 결혼과 가정

## 1) 결혼

송범은 청소년 시절에 한 번도 연애를 해 본 적이 없었다. 술도 안 먹고 담배도 안 피웠다. 양복을 해 입고 구두를 사 신는 것도 하지 않고, 그저 반바지 하나에 고무신을 끌고 다니며 연습만 하였다. 꿈을 실현하는 데만 열중했다고 할 수 있다. 어머니가 지어주는 광목버선을 매일 갈아 신었지만 추운 겨울에는 발에 동상이 걸렸다. 연습용으로 손에 잡을 바(bar)가 없어 손이 시린데도 연습장의 창문을 열어놓고 그 문틀을 잡고 해야만 했다. 그렇지만 그저 즐겁기만 했다. 기껏해야 커피를 마시기 위해 명동의 '돌체'나 '오아시스' 다방을 찾는 것이 나들이의 전부였다. 자신의 몸을 혹사한 셈이다.

그가 대구에서 전쟁을 체험하고 다른 사람들보다 늦게 서울로 상경했을 때가 27세(1953)였다. 집에서는 결혼해야 한다고 야단이었다. 어머니가 절에 다녔는데, 그 절에서 중매를 서서 1956년에 결혼하게 되었다. 아내 김옥희(金玉喜)는 22세였다. 그녀의 첫 인상은 화려하지 않고 수수했다. 그것이 송범의 마음에 들어 혼담이 나오자 금방 결혼을 하기로 했다.[1)]

어머니가 결혼 날짜를 받아 왔다. 공교롭게도 공연하기로 잡아 놓은 이틀 전이었다. 어머니의 말씀을 거역할 수 없었다. 서양식 결혼을 끝내고, 신혼여행은커녕 곧장 연습장으로 달려가야 했다.[2)]

아내의 출신지는 황해도였다. 아내는 송범을 극진히 위해 주었다. 자식들을 열심히 키워주었고, 남편을 존경했다. 송범도 평생 부인을 사랑했다. 부인도 무용하는 남편과 오래 살다보니 평론가 못지않은 일가견을 가지고 있어서, 송범이 미처 느끼지 못하는 것을 때때로 잘 지적해 주었다. 송범은 늘 '결혼을 잘했다'고 느꼈다.[3)] '무용하는 사람에게 누가 딸을 주었겠느냐, 일찍 장가들기를 잘했다'고 하며, 자족해 하기도 했다.[4)]

결혼한 다음 해 1957년에 아들을 낳았는데 죽었고, 두 번째도 죽었다. 셋째가 살아남은 아들 윤상(胤尙)이다. 윤상이 태어났을 때 자꾸만 울어 대더니 갑자기 열이 올랐다. 송범은 과거의 일이 떠올라 겁이 더럭 났다. 그래서 개인병원인 유홍진 산부인과로 아이를 옮겼다. 의사는 건강한 애를 먹이지 않아 그렇다는 것이었다. 송범은 형수(큰어머니)에게 당장 부탁했다. 아이는 젖 한 통을 다 비우더니 열이 내리고 금방 잠을 자는 것이었다. 이렇게 윤상을 살려냈다.

첫 아이가 죽었을 땐 별로 슬픈 것을 못 느꼈다. 그러나 둘째 아이가 죽었을 때는 몹시 겁이 났다. 자식을 갖지 못하는 운명이 아닌가 하고 생각했다. 그러다가 윤상을 용케 살려냈으니,

애지중지(愛之重之) 할 수밖에 없었다. 송범은 뒷날 두 아이를 잃은 것은 '병원의 잘못'으로 여겼다. 요즘은 아이를 낳자마자 먹여야 한다고 하는데, 당시 종합병원에서는 먹이질 않았기 때문이다. 윤상을 기를 때 송범이 사는 동네에는 나팔꽃이 귀했다고 한다. 귀여운 아들에게 모두 따 주었기 때문이다. 그만큼 자식을 소중하게 여겼다는 비유적인 이야기다.[5)]

## 2) 가정

윤상은 마음이 온순하고 성질이 착했다. 보기에도 믿음직한 인상이고, 노력형(努力型)으로서 부모의 속을 썩인 일이 없었다. 송범에게 무슨 일이 있을 때 '윤상아!' 하면 벌써 알아차리고 '네, 아버지 알았어요' 하고 행동으로 옮겼다. 그러나 한 번 화가 나면 무서운 데가 있었다. 송범은 아들의 그런 확실한 성격을 좋아했다.

딸 윤호(胤好)는 여자다웠다. 애교 있고 붙임성이 있었다. 다음날 해야 할 일이 준비가 안 되면, 윤호는 잠자리에 들지 않았다. 그런 깔끔한 성격을 송범은 좋아했다. 무학여자고등학교 시절에 과목 중 수학을 잘 해서 담임선생은 대학의 수학과 진학을 권했다. 그러나 무용을 선택해 이화여자대학교 무용과로 갔고, 거기서 졸업했다.[6)] 송범은 두 자식으로 만족했다.

아이들이 성장하면서, 송범은 문득 자기가 일찍 죽으면 안 된다는 생각을 떠올렸다. 딸의 결혼 문제를 잊지 않았고, 결혼식 때 반드시 딸의 손목을 잡고 입장해야 한다는 것을 혼자서 자주 되뇌었다. 만약 '딸이 혼자 걸어 들어가야 한다면 어찌할까' 하는 생각을 하면서, 눈물짓기도 했다. 그는 이렇게 마음이 여리고 정이 깊은 아버지였다.7)

송범은 무용과를 졸업한 딸에게 창의력이 부족한 것을 뒤늦게 발견했다. 그래서 그에게 분명히 말했다. '너는 무용의 길을 걸을 사람이 아니니 그만두라.'8) 이렇게 송범은 사적인 입장과 예술적인 입장을 언제나 달리하며 살았다.

# 5. 끈질긴 도전

## 1) 전후의 무용계

1954년 4월에 한국무용예술인협회가 결성되었다. 마산 출신 무용가 김해랑(金海郞, 1915-1969)이 주도했다. 그는 한때 일본에서 무용가 다카다 세이코(高田せい子)에게 수학한 경력을 지녔다. 그의 제자로는 최현(崔賢, 1929-2002)이 유명하다. 최현은 국립무용단 작품에 수차 출연했고, 국립무용단 단장도 잠시 역임했다. 이 협회는 9월에 광복 9주년기념 무용발표회를 열었다.

1954년 7월에 진수방을 주축으로 한 한국무용가협회가 결성되자 무용계는 양분되고 말았다. 이 협회의 중심 무용가 송범, 임성남, 김백봉은 안제승의 연출로, 각자 안무작을 발표했다.[1) ] 1956년에 무용예술인협회에는 내분이 일어났다. 무용계는 김해랑, 반(反) 김해랑, 진수방 등 3파로 나뉘어 광복 이후처럼 주도권 갈등이 벌어졌다.

1959년 4월에 문총회관에서 진수방을 회장으로 한국무용협회가 결성되었다. 이를 계기로 무용가협회는 무용협회와 통합되었다.[2)] 앞서의 다른 집단들도 무용협회로 모였다. 무용협회는 1961년 사단법인체로 개편되고, 최초의 이사장에 송범이 선출되었다. 그 동안 정치적인 편향성보다는 창작에 매진해 온 그의 순수성이 무용인들에게 훌륭한 모범으로 인식되어 전국의 무용인을 대표하는 이사장에 오르게 된 것이다.

당시 무용협회 이사진에는 임성남(부회장), 강선영(姜善泳, 1924-), 김백봉, 정인방, 조용자, 김진걸, 김문숙, 권려성, 조광, 진수방, 정무연 등이 선임되었다. 이 협회는 결성 이후 현재까지, 정부의 공식적인 행사에 참가하는 한편, 신인예술상 경연대회, 중고등학생 무용경연대회, 교사 및 전문가 무용연수회, 대한민국무용제 등을 통해 무용 발전에 기여해 왔다.

무용가 개개인의 활동을 보면, 1953년부터 김천흥, 김보남(金寶男, 1912-1964), 이매방, 강선영, 김백봉, 송범, 권려성, 김진걸, 이인범, 김문숙, 주리, 임성남, 조광, 파조 등이 무용연구소를 개설하고 공연과 후진 양성에 나섰다. 이들 중 한때 송범은 한국무용단, 이인범은 서울발레단, 진수방은 한국발레예술무용단을 운영하기도 했다.

1953년 이화여자대학교 체육과에 무용전공이 처음 개설되었고, 1957년에는 서울예고에 무용과가 개설되었다. 최승희와 다카다 세이코의 제자 박외선은 남편 마해송(작가)의 완고한 만류로 공연활동을 접고, 이화여대에서 제자를 가르치기 시작했다. 무용계 최초로 대학교수가 된 것이다. 그녀는 1962년 남편을 따라 잠시 일본에 간 적이 있었는데, 그때 마사 그레이엄(Martha Graham, 1894-1991)의 제자인 일본인 무용가를 만나 몇 주일 새로운 춤을 배웠다. 그 후에도 미국에 갈 기회가 있어 그곳에서 새로운 춤을 배웠다.3) 박외선 이외에도 과거의 아악생 출신인 김천흥과 김보남은 이화여대에서 전통무용을 가르쳤다.

서울에 환도한 이후 1950년대에 활동한 무용가들의 모습을 간략히 살펴보기로 한다. 개인의 무용발표회로는 김윤학, 정인방, 강선영(이상 1953) / 조용자, 김백봉(이상 1954) / 김순성, 배숙자, 김백초, 김진걸(이상 1955) / 정무연, 권려성(이상 1957) / 홍정희 및 류인희 무용석사학위발표회(1958), 윤석운, 김백봉, 김천흥(1959) 등을 들 수 있다.

단체발표회 및 공연으로는 한국무용예술인협회 창립공연, 한국발레예술무용단 창립공연(진수방, 이상 1954), 제1회 전국중고등학교 무용경연대회, 광복10주년 기념예술제(이상 1955) / 김백봉무용극 <우리 마을의 이야기>, 임성남발레단 <호두까기 인형>, 광복11주년 기념공연, 한국무용가협회 창립공연(이상 1956) / 무용가협회 6·25 제7주년공연(이상 1957) / 제2차 동남아순방 친선예술단 출발기념(1958), 주리발레단 <칼멘>, 조광아카데미발레단 발표회, 주리발레단 <춘향전>(1959) 등을 들 수 있다.

1950년대에 특기할 일은 임성남, 진수방, 주리, 김백봉의 활약이었다. 전주시장의 아들로서 전주사범학교를 졸업한 임성남은 1949년 서울발레단에서 몇 달 공부하다가 피난 중에 일본으로 건너갔다. 일본 발레의 중심인 도쿄 핫토리·시마다(服部·島田)발레단에서 수학하는 한편, 일본음악학교 피아노과에 입학해 유학했다. 시마다 히로시(島田宏)는 조선인 백성규(白成珪, 1919-2013)의 일본 이름이다. 일본에 와서 활동하던 엘리아나 파블로바에게 무용을 공부하다가 연상의 핫토리 지에코(服部智惠子, 1908-1984)를 만나 부부가 되었다.[4)]

임성남은 핫토리 발레연구소의 조수가 되고, 남성 주역 무용수로 활약하기도 했다. 1953년에는 음악학교를 졸업하고, 이듬해 도쿄청년발레단을 창단하여 <백조의 호수> 왕자 역을 하고, 귀국해 임성남 발레연구소를 열고 후진을 양성하기 시작했다. 1955년에 임성남이 일본에서 귀국했다.[5)]

진수방은 정신여중을 졸업하고 1932년부터 조택원무용연구소에서 수학하면서 조 선생의 파트너로 활동했다. 1947년 상해로 건너가 외국 무용가에게 발레, 플라멩코를 사사했다. 1960년대 초에 미국 뉴욕에서 동서발레단, 한국공연예술단 등을 이끌며 활동했다.[6)]

1957년 가을에 미국 맘보의 여왕이라는 흑인무용가 캐서린 던햄이 이화여대 강당에서 공연한 것도 특기할 일이다.[7)] 이 공연에서 송범은 우리 <무당춤>과 비슷한 감명을 받았다.[8)]

## 2) 환도 이후의 도전

송범은 1953년 10월 대구에서 환도했다. 그해 11월 11일에 시공관에서 제1회 신작무용발표회를 가졌다. <동란일기> <생령의 신음> <항거> <수평선을 밟으며> 등 피난지에서 만든 16개 작품을 새롭게 안무했다. 최미연, 조광, 김수길, 옥후현, 이월영 등이 찬조 출연했다.[9)] 그러나 이 발표회는 '신작이라 했지만 구작'이라는 비판을 받았다.[10)]

을지로2가 그의 집 바로 옆에 형의 친구인 백운성의 아뜨리에가 있었다. 전쟁 중에 그가 이북으로 갔기 때문에 그 장소가 비어 있었다. 오늘날 퇴계로 대한극장에서 6가 방향으로 애견숍이 많은 건물 3층이었다. 송범은 그곳을 무용연구소로 빌렸다가 이내 낙원동에 40평짜리 큰 연구소를 얻어 옮겼다. 이때 대한신문사에 근무하던 시인 김상화를 만났다. 그는 송범에게 도움 되는 이야기를 자주 해주었고 때로는 공연 평도 써 주었다.[11]

송범 무용연구소는 다시 명동으로, 묵정동으로 전전했다. 한참 잘 될 때는 연구생이 1백여 명이나 되었다. 그런데도 경제사정이 어려웠던 것은 지도비를 저렴하게 받았기 때문이다. 한 달에 쌀 한 말 값에 해당하는 3천 원 정도를 받았다. 외부에서 부탁하는 안무비도 30만 원 이상은 받지 않았다. 돈이 필요 없는 것이 아니라 돈을 초월하려는 자세로 교육과 창작에 몰두했다.[12]

송범이 연구소에서 가르친 제자로는 허경자, 김인주, 김남이, 송준영, 박금자, 신순심, 정양자, 이애주, 정재만, 이윤주, 이문옥, 이미미, 홍승옥, 김희경, 김장우 등을 들 수 있다. 그의 연구소에서는 현대무용이 주를 이루었고, 전통무용은 불과 몇 작품이었다. 이것은 후일 국립무용단에서의 교육과는 크게 다른 점이다.

무용연구소 시절의 송범 모습을 조흥동(趙興東, 1941-)은 이렇게 기억했다. "선생은 약간 높은 음성으로 (말하며) 스틱을 잡고 빠르게 마룻바닥을 치며 빠른 동작을 우리 연구생들에게 열심히 지도했다. 지금도 그렇지만 정확하리만치 세밀한 춤 동작을 가르쳐 준 교수법이 나에게 꽤나 충격을 주었다. 무용가로서 치밀함과 성실한 자세를 부단히 일깨워 주던 그때를 잊을 수 없다."[13)]

한편, 환도 이후의 송범에 대하여 김상화는 다음과 같이 증언했다. "피난시절을 청산하고 송범은 수복(收復)된 서울에 상경했다. 이때부터 그의 진가가 발휘되었다. 무용계는 전통무용을 제외하고는 거의 그의 독무대였다. 피난시절에 좌절하지 않고 독창적인 육체의 동작을 굳건히 다듬은 것과 동시에 혼돈과 부조리의 세계에 대한 '항거(抗拒)'라는 사회비판 정신을 마음 깊이 새긴 덕분이었다. 그는 홍겨운 춤, 달콤한 춤 대신 생각하는 인간성, 항거하는 혈기를 듬뿍 몸에 담아서 표현했다."[14)] 김상화는 송범에게 따른 행운이 그의 숨은 노력으로 이루어진 것임을 이렇게 밝혔다. "그는 형 송정훈 화백이 경영하던 「국제보도사」의 살림을 도맡아 하며, 정신적인 영양분을 충분히 흡수할 수 있었다. 당시 직원으로 현역 사진계의 권위자인 이경모, 김한영 등이 활동하고 있었고, 송범은 이들의 사진예술을 통해 미적 감각을 얻었다. 수시로 출입하는 예술인들과도 접할 수 있었다. 사무실은 문자 그대로 사진예술의 산실이요 예술의 보금자리였다."[15)] 월간지 「국제보도」는 45호까지 발간되었다.[16)]

송범은 1954년에 한국무용예술인협회 창립공연에 출연했다. 그리고 다른 공연은 일체 하지 않고 창작 구상에 몰두했다. 1955년 4월 8일 송범은 자신이 조직한 코리아발레단과 함께 1년 만에 시공관 무대에 모습을 드러냈다. 피난지에서 만든 대작 <불의 희생>을 재구성해 <인도의 연가>라는 제목으로 3일간

공연했다. 월남한 무용가 한순옥과 송범이 함께 춤을 추었는데, 그녀의 춤은 높은 평가를 받았다.[17)]

반주는 해군교향악단 80명이 맡았고, 관객은 대성황을 이루었다. 그렇지만 들인 비용에 대한 적자는 매우 컸다.[18)] 작품 전체의 밸런스가 잘 들어맞고, 만 1년의 피땀 어린 훈련이 여실히 실현된 작품이라는 호평을 받았다.[19)] 이 무렵에 그는 형님의 도움으로 결혼했다.

1955년 9월 17, 18일 시공관에서 코리아발레단은 「송범신작무용발표회」를 열었다. 밤낮 3회 공연을 했지만 호응이 좋아 연장공연까지 했다. 작품은 <생존경쟁> <공장지대> <시월> <벽> <참회> <지향> <출진전야> 등이 공연되었다.[20)]

조동화는 <생존경쟁>(1955)이 그때까지의 매너리즘에서 새로운 정서를 보인 작품이라고 했다. 단순화시킨 백색의 간의(簡衣)로써 나오는 이 군무는 빠른 템포를 요구하는 현대 생리에 알맞은, 동적인 구성으로 정리되었다. 뿐만 아니라 새로운 변형(變形) 대열의 구도로서 속속들이 관객에게 무엇인가 말해 주었다. 이념이 선행하는 현대무용에서 투명한 작품을 제시했다는 평가를 받았다.

동시에 공연된 <참회>는 유다가 십자가 앞에서 뉘우치는 이야기인데 고증이 부실했다. <벽>은 마지막에 무용수가 한 손으로 얼굴을 가리고 관중을 손가락질하며 앞으로 걸어 나오는 것이, 함축성 있는 시(詩)로 보였지만, 상징적으로 만들지 못한 장치와 동작이 잘 어울리지 않았다. <공장지대>는 거쉰(George Gershwin, 1898-1937)의 음악 <파리의 미국인>을 사용했지만

주제가 낡은 느낌을 주었다는 평가를 받았다.[21]

김상화는 송범이 이 발표회에서 보인 작품들이 정열을 절제하는 기교를 구사하는 데 진전을 보인 모던 댄스였다고 했다. <벽>은 현대인의 울분과 발광에 가까운 번민을 조리 있게 구성했다. 민첩하고 쾌활하게 움직이는 각부(脚部)와 특유한 팔의 직선미, 깊이 있는 마스크의 표정이 훌륭한 작품을 만들었다. <공장지대>는 편무(編舞)보다는 착상이 좋았다고 평가했다.[22]

1956년 5월 5일 시공관에서 코리아발레단은 「송범무용발표회」를 열었다. 작품은 <패배자> <환영의 사람> <북이 울리면> <형로(荊路)> 등이 공연되었다.[23]

조동화는 <패배자>(1956)에 대해 모던 발레의 수법으로 만든 국내 최초의 시도라고 했다. 작품의 주제, 음악, 의상이 모두 새롭고, 또한 공연도 성공적이었다. 조지 거쉰 작곡 <랩소디 인 블루>의 멜로디에 따라, 제1막은 순정의 젊은 화가(송범 역)를 중심으로 창녀(김나미 역)와 불량배가 다투는 도시의 뒷골목 이야기를 그렸다. 구두닦이, 고학생, 직공, 행인, 꽃파는 소녀 등이 출현하는, 극적 계기와 구성, 현대감각과 모랄이 훌륭하게 계산된 작품이었다. 함께 공연된 <환영의 사람>은 세워 놓은 조각 사이로 환상을 쫓는 소녀를 그린 낭만적인 꿈 이야기다. 무미하기 쉬운 남성들의 춤을 조삭적(彫削的)인 방법으로 다루는 것이 좋았다고 평가했다.[24]

1956년 11월 6일 한국무용가협회의 작품발표회(김백봉, 송범, 임성남 합작합동 발표회)가 안제승의 연출로 공연되었다. 이 무대에서는 전 6장의 <비련>이 공연되었다. 오리아 공주(김백봉)

를 사이에 두고, 두 왕자인 세살태공(송범)과 베롯트(임성남)가 갈등하는 내용이다. 이월영(와이안장군), 주리(집시녀), 김진걸, 김순성, 송순영, 권려성 등이 공연에 참여했다.[25)]

조동화는 <비련>에 대해 무용의 계보가 다른 세 사람이 하나의 음악인 화성(和聲)을 만들어낸 데 비유하며, 어려운 도전으로 평가했다. 김백봉은 발레가 전문이 아니면서도 발레 무용가를 무색케 할 정도로 훌륭하게 구사했고, 송범과 임성남의 춤이 가장 볼 만했다. 송범과 주리의 대무, 이월영의 어두운 성격의 표현 등 무용극의 분위기를 잘 살렸다고 했다.[26)]

송범은 1957년 10월 19일 시공관에서 「송범신작무용발표회」를 열었다. 이 무대에서 베를리오즈 작곡의 창작발레 <환상교향곡> 거쉰 작곡의 <유쾌한 휴일> <안단테 칸타빌레> 등을 발표했다.[27)]

김경옥은 <환상교향곡>에 대해 실연한 신부(송범 역)와 여인(주리)의 삶을 통해 구원을 바라는 인간상을 그린 작품이라고 했다. 송범의 움직임은 너무 침울한 감이 있었으나 자세와 움직임이 조화를 이루었고 개성이 분명했다. 특히 주역과 군무의 질량적 대결에서 균형감이 잘 드러났다.

동시에 공연된 <저항>(1957)은 감상이나 설명이 완전히 배제되고 구성이 짜인 군무였다. 힘과 메커니즘이 조화된 미를 추구했고, 새로운 감각과 밀도 있는 움직임으로써 결정된 싸늘한 보석 같은 작품이었다. 거쉰 작곡 <파리의 미인>을 바탕으로 한 <유쾌한 휴일> <안단테 칸타빌레> <한여름밤의 꿈> <만지(蠻地)의 연가> 등은 화려한 형식미를 보였다고 평가했다.[28)]

한편, 조동화는 <환상교향곡>이 전회(前回) <패배자>에 이은 또 하나의 수확이라고 했다. 평면적이고 직선적이던 송범이 입체적이고 수직적인 구축을 시도했고, 두 연인의 극적인 상황을 잘 표현했다. 현대시적인 함축성을 지닌 <저항> 운동량이 많아 즐거움을 준 <유쾌한 휴일> 등도 그의 깊은 무용 수련을 반증해 준 작품으로 평가했다.[29)]

이화여자대학교의 박외선 교수는 「1957년 무용계 총평」을 남겼다. 9월에 이화여대 강당에서 공연한 미국 무용가 캐서린 던햄에 주목했다. 맘보의 여왕이라고 하는 그녀의 작품으로는 흑인들이 나체로 추는 <열대풍> 로스인디오의 <탱고> 등이 공연되었는데, 무엇보다 그들의 무용 기초가 잘 되어 있는 점에 주목했다.

또한 박 교수는 10월에 열린 송범의 발표에서 <즐거운 휴일>이 가장 그에게 잘 맞는 느낌을 받았다고 했다. 재즈의 요소를 가미한 아이디어와 공력을 들인 춤으로서 미지의 세계를 개척하려는 그의 진지하고 끊임없는 노력에 감탄했다고 평가했다. 아울러 무용가 조광, 정무연, 김백초, 권려성, 연극학회의 산대놀이발표회 등을 논평했다.[30)]

1958년 10월 25일 시공관에서 「송범무용발표회」가 열렸다. 작품은 <사랑의 광상곡> <열풍지대> <밤구름> <무도의 밤은 깊어> <생존 경쟁> <아름다운 코리아> 등을 발표했다. 김나미, 이월영, 강미경, 최성자, 유지복, 김인주, 주설애, 황창호, 유보덕, 이연주 이외에 연구생들이 출연했다.[31)]

김상화는 이 발표회의 감상을 기록했다. <밤구름>은 드뷔시

작곡의 <월광>이 지닌 정감을 백색 의상과 까만 허리띠에 악센트를 두었고, 직선에서 벗어나 위에서 아래로 훑어 내리는 몸짓의 군무를 통해 시공을 창조했다. <아름다운 코리아>에서는 민요조를 바탕으로 민속을 현대화시킨 경쾌한 작업이고, <열풍지대>는 모던 댄스 기법의 강렬한 기능을 낭만적으로 표현했다. <무도의 밤은 깊어>는 웨버 곡을 통해 고전 발레인 <장미의 정>을 관능과 이국조(異國調)의 복수 형태로 해석한 모던 발레였다. 이번 공연에서 어느 때보다도 계산적인 작법의 능숙함이 보였다고 평가했다.[32)]

이 무렵 송범의 작품 활동에 대해 김상화는 이렇게 증언했다. "이 시기에 그는 연구소의 일을 끝내면 곧장 음악 감상실로 달려갔다. 그는 '르네상스'에서 살다시피 했다. 낙원동 골목에 위치한 이 감상실은 화가, 시인, 소설가, 음악애호가 등이 고객이었다. 송범이 즐기던 곡은 베를리오즈의 교향곡, 리스트의 <헝가리언 랩소디>, 베토벤의 <전원교향곡> 등이었다. 음악을 들으며 그는 작품 구상에 몰두했다. 그의 휴머니즘 정신이 무용 이미지로 다듬어졌다."[33)]

1958년 12월을 기준으로 볼 때, 개인 무용연구소를 운영하면서 공연을 할 수 있었던 무용가로는 다음과 같은 사람들이 있었다. 전통분야에는 김백봉, 김천흥, 김진걸, 권려성, 정인방, 조용자, 김순성, 김백초, 김윤학, 김문숙, 발레분야로는 진수방, 임성남, 송범, 이월영, 조광, 이인범을 들 수 있다. 이들 가운데서 송범은 모두 12회의 발표회를 가진, 단연 돋보이는 경력의 소유자였다.[34)]

1959년 9월 11일 송범은 「송범무용발표회」를 열었다. 작품은 거쉰 작곡의 <현대인> 리스트 작곡의 <생령의 신음> <영원한 지각> <화이트 왈쓰> <월광곡> 등이 공연되었다.[35)]

이 공연에 대해 김상화는 "현대인의 절망과 고독과 자포(自暴), 그리고 푸른 하늘에 의지하고 싶은 꿈을 그리는 송범의 주제는 이번 공연에서도 매우 강하게 표출되었다. 그러나 매너리즘과 섬세하지 못한 구성적 결함은 여전히 난립하고 있는 모티브의 번식(繁殖)인 듯하다."고 평가했다. 연구생들을 중심으로 공연된 <화이트 왈츠> <월광곡>은 평소의 열중된 훈련을 반영하는 것으로 보았다.[36)]

1950년대를 보내면서 마지막으로 특기할 사항은 송범이 전통무용에 특별한 관심을 기울인 사실이다. 때마침 권려성 무용발표회가 있었는데, 그녀의 작품에 매우 따뜻한 시선을 보냈다.

"노을지는 백사장에서 수평선을 바라보는 여인의 심정을 그린 <황혼이 짙으면>(1959)은 현대무용에서 흔히 있는 소재이지만, 전통무용으로서는 새로운 소재였다. 또한 권 씨만이 출 수 있는 산조가락의 변화는 완벽에 가까운 작품이 되었다. 중모리 장단에 맞추어 무대 대각선을 고요히 걸어가다 치마를 휘어잡고 발자취를 한없이 바라보는 포즈는 아름다운 한 폭의 그림이었다."[37)]

### 3) 창작의 전환기

1960년 3월, 송범의 코리아발레단과 임성남·주리의 아카데미발레단 53명이 결합된 한국발레단이 창단되었다. 송범 안무의 <백야> 임성남 안무의 <공기의 정> 주리 안무의 <사랑을 마술사> 등을 공연했다.[38] 1961년 1월에는 송범, 강선영, 권려성, 김문숙, 김진걸, 이월영 등이 한국무용단이라는 명칭으로 시공관에서 「종합예술제」를 열었다. 기성의 소품을 나열한 듯한 공연이었다.[39]

1961년 9월에 송범은 <영원한 자각> <화이트 왈츠> 등을 발표했다. 또한 1963년 9월에 「송범무용발표회」를 열고 <사바의 유혹> <광열의 고독> 등을 발표했다. 이 작품은 <승무>를 소재로 현대무용을 시도한 작품이다.[40]

1962년은 무용 20년이 되는 해였다. 이를 기념하는 취지로 9월 21일부터 3일간 국립극장에서 「송범무용20주년 발표회」를 열었다. 작품은 창작발레 <고요한 찬가> <월광> <사사의 춤> <사바(娑婆)의 유혹> <광열의 고독> 등 16편을 공연했다.[41]

1962년 2월에 송범은 국립무용단의 정식 단원이 되었다. 그가 국립무용단을 이끌게 된 것은 인생 일대, 창작의 전화기에 해당한다. 경제적으로는 여전히 어려웠다. 고정된 보수는 받을 수 없었고, 작품을 할 때마다 제작비를 받는 정도였다. 월급이 지급되기 시작한 것은 1972년 국립극장의 산하 단체들이 남산으로 이주하고 난 뒤였다.

당시 송범은 20여 년이 되도록 공연 때마다 이미 많은 적자를 보아왔던 터였다. 공연이 끝나 크게 적자가 났을 때, 이제는 다시 공연을 하지 말아야지 하고 생각했다. 그러나 두 달도 못 가서 또 하고 싶었고, 또 하곤 했는데, 그때마다 형은 빚진 돈을 메워 주었다. 작품을 위해 빚진 돈은 형이 모두 다 갚아 준 셈이었다. 형은 아우에게 관대하고 고마운 존재였다. 경제적인 면만이 아니다. 송범이 무용 생활을 제대로 할 수 있었던 것은 오직 형의 덕분이었다고, 그는 자주 회고했다.[42)]

1970년 8월 26일에 국립극장에서 「송범 · 김진걸 문하생무용 발표회」가 열렸다. 작품은 <가을의 서정> <코펠리아> <달빛 어린 고원> 등 26개 작품이었다.[43)]

1972년에 그는 중앙대학교 무용과 교수가 되었다. 서라벌예술대학 무용과가 중앙대학과 합병되기 전부터 소설가 김동리(金東里, 1913-1995) 학장의 권유로 김백봉과 함께 강의를 맡고 있었다. 앞서 말한 대로, 그는 무용연구소를 하고 있었고, 국립무용단도 아직 월급제도가 없었으므로 서라벌예술대, 숙명여대, 상명여대, 경희대, 서울대 등에 출강했다. 가장 많을 때는 일곱 군데에서 강의를 하면서 생계비와 작품 활동비를 겨우 유지할 수 있었다. 1972년부터 무용단에서 월급을 받게 되어, 무용을 시작한 지 실로 30년 만에 창작에만 몰두할 수 있는 안정기에 들어섰다. 1975년에 무용교수들의 개인 레슨이 금지되어 연구소의 문을 닫았다.[44)]

1973년 상반기 무용계에는 몇 가지 중요한 변화가 일어났다. 무용협회와 대학의 무용 교수들이 협력하여 무용과를 종래의 체육과 및 체육대학에서 분리하는 건의문을 문교부(현 교육부)에 제출한 것이다. 이러한 운동은 조택원, 송범, 조동화, 안제승, 육완순, 이병임 등이 주동했다. 아울러 이화여자대학교의 육완순(1933-)이 안무한 무용극 <슈퍼스타> 수도여사대의 뮤지컬

<춘향전> 일본에서 내한한 이시이 바쿠의 제자 이시이 미도리(石井みとり) 모녀의 <현대무용> 등이 공연되었다.45)

또한 하반기 10월에는 송범이 대한민국문화예술상(무용부문)을 수상했다. 송범은 당시 인터뷰에서 지금까지 자신의 작품은 소품 120여 개, 국립무용단의 작품은 중편 13여 개와 장편 4개라고 소개했다.46)

여기서 상(賞)과 관련된 에피소드 하나를 들어 보기로 한다. "1998년 김대중 대통령 정부 때에 일어난 일이다. 한꺼번에 32명이 예술상을 받았다. 송범은 이런 상의 정치적 남발을 아주 싫어했다. 이 소식을 듣고 집으로 돌아온 그는 그 동안 자신이 받은 모든 상장과 표창장을 불에 태워 버렸다."47)

송범은 평소 예술에 대해 존엄성을 지니고 있었다. 예술이 얼마나 어려운 작업인지 누구보다 절실하게 느끼고 있었다. 그런데 누구에게나 주는 상 따위에 예술상이라는 명칭은 붙이는 것이 몹시 싫었다. 창작을 평가 절하(平價切下)하는 사람들과 시대에 역겨움을 느꼈던 까닭이다.

1974년 9월 1일 국립극장에서 「송범무용발표회」가 열렸다. 송범 안무의 <백(白)의 환상>은 송범 대본, 박성옥 가야금으로 최혜숙, 박연진, 정봉애, 조순례 등이 출연했다. 역시 송범 안무의 <사(死)의 승무>는 이원경 대본, 박범훈 작곡으로 정재만, 문일지, 국수호, 박순자, 송범 등이 출연했다.48)

1979년 6월 29, 30일에 카터 미국대통령 내외의 국빈방문이 있었다. 그 부인 로절린 카터는 국립무용단 단장 송범 앞으로 7월 5일자 감사의 서신을 보내 주었다. "지난 30일 비원(秘苑)에서 본인과 딸 애미를 위해 즐겁고도 훌륭한 프로그램을 마련해 주신 것을 감사드립니다. 우리는 한국 춤과 한국의 아름다운 의상을 좋아하게 되었습니다. 특히 애미는 화관을 아주 마음에 들어 했습니다. 우리는 귀하의 아름다운 나라에서 훌륭한 방문을 가질 수 있었고, 귀하께서 베풀어 주신 친절에 감사드리는 바입니다."[49] 당시 공연에는 무고춤, 화관무, 부채춤, 가야금병창 등이 연행되었다.

송범은 1983년 3월에 김백봉에 이어 무용가로는 두 번째로 예술원 회원이 되었다.[50]

## 4) 현대무용과 송범

송범은 무용을 시작할 무렵, 자기가 하려는 현대무용에 대한 각오를 이렇게 밝혔다. "무용 중에도 현대무용하면 전적으로 육체 훈련을 무시한다. 육체 훈련과 더불어 이론이 수립될 때 비로소 참다운 무용을 창조할 수 있을 것이다. 현대무용의 발달 역사는 참으로 짧고, 조선에서 시작된 지는 20여 년에 지나지 않는다. 많지 않은 우리 선배들은 세계 각국과 똑같은 레벨에 도달하고자 싸우고 있다. 다음 세대의 책임은 우리들에게 있다. 나는 이 책임을 결코 헛되게 하지 않겠다."[51]

그가 현대무용에 눈을 뜬 것은 앞서 열거한 최승희, 조택원, 장추화, 박용호 등의 공연을 통해서였다. 또한 확인된 바는 없지만 일본어로 소개된 무용서적, 예컨대 이시아 바쿠의 『무용예술』(1933) 『세계무용예술사』(1943) 『춤을 출 뿐』(1955)이라든

가, 『이사도라 덩컨자서전』(イサドラ・ダンカン自敍傳, 上, 下 1936) 『발레대관』(1949) 『발레독본』(1950) 『발레감상의 안내』(1958) 같은 데서 당시 서양 현대무용의 실정을 이해하게 되지 않았을까 추측된다.[52)]

뒷날 송범은 이렇게 회고한 적이 있다. "미국의 마사 그레이엄 테크닉은 매우 기교적이고 형태가 정해진 것에 비해, 라반이나 뷔그만은 그렇게 정해졌다고 하기보다는 여러 방식으로 응용 가능했기 때문에 장르가 다르더라도 춤에 융통성이 있지 않았나 싶다. 우리 세대의 무용가들이 현대무용, 발레, 한국무용 등 가리지 않고 춤을 출 수 있었던 것도 그런 원활성 내지 융통성 때문이 아니었는가 생각한다. 문제는 무엇을 표현하려고 하는가 하는 것이 중요한 것이었지, (내가) 반드시 특정한 방식으로 이것만 표현하려고 하는 것은 아니었다."[53)]

송범이 무용 서적들을 통해 현대무용가들의 방법론을 대강 이해하고 있었음을 짐작케 한다. 그러나 그의 '이해 수준'이 매우 막연했다는 점도 지나칠 수 없다. 이런 측면은 서양을 떠돌며 동시대의 현대무용 공연을 폭넓게 관람했거나 유학을 통해 특정한 대가(大家)의 밑에서 직접 배우지 않은 한은 누구나 비슷한 처지일 수밖에 없었다고 말할 수 있다. 우리에게 현대무용을 가르치는 학교는 생각할 수도 없던 시절이었다.

아직 송범의 「현대무용론」은 제대로 서술된 것이 없다. 실제로 서술되기 어렵다고 본다. 당시의 사진 등 공연 자료가 거의 남아 있지 않고, 동시대의 평론도 전체적인 것이 아니라 극히 지엽적이고, 게다가 그 비평 안목도 '단순'했기 때문이다. 그러니까 송범 자신은 물론, 그 누구도 현대무용을 제대로 이해하고, 평가할 수 있는 사람이 우리에게는 없었다는 이야기다.

이런 근거에서 필자는 여기서 송범의 현대무용에 관한 대강의 특징을 정리해 두기로 하겠다. 앞서, '송범과 마리 뷔그만'(2장 5절)에서 뷔그만의 무용 개념과 특징을 간략히 소개한 적이 있다. 예술가의 특징은 비교를 통해서 잘 드러난다. 현대무용은 새로운 무용 정신과 무용 방법으로 창작된 작품 양식들을 일컫는다. 무엇이 새롭다는 것인가.

송범은 마사 그레이엄의 이름을 말했다. 그레이엄은 현대무용의 창시자인 이사도라 덩컨의 한 세대 아래로 미국 태생 무용가의 한 사람이다. 그레이엄은 당연히 덩컨의 영향을 받았다. 덩컨보다 앞서 미국에서 현대무용을 개척한 사람은 로이 풀러(Loie Fuller, 1862-1928)였다.

덩컨은 1900년 런던에서 작품을 발표하기 시작했다. 그리스 예술에 심취해 신발과 코르셋을 벗어던지고 '맨발의 춤'을 춘 것은 너무 유명한 일화이고, 음악의 해석을 근본으로 하는 춤을 추었다. 급진적인 사고와 혁신적인 음악 선정, 신체적 해방과 감정적 자유, 여성주의자(feminist), 모방적인 춤에서 표현적인 춤으로의 전환 등은 그녀의 정신주의(精神主義)의 근간을 이룬다. 세계무용사에서 가장 뛰어난 솔로 공연자로 평가되고 있다.[54]

한편, 여류 무용가인 그레이엄은 1926년, 그러니까 송범이 태어나던 해부터 작품을 발표하기 시작했다. <태초의 신비>(1931) <죽음과 무아경>(1944) <클리템네스트라>(1955) <페드라>(1962)

<성스러운 정글>(1974) <빛의 작용>(1981) 같은 명작들이 그것이다. 그녀는 몸의 수축과 이완, 들이쉼과 내쉼, 팽창과 긴장에 근거를 두고 자신의 무용을 이끌어갔다. 발레에서는 볼 수 없고, 오히려 동양의 춤에서 볼 수 있는 동작들도 이용했다.

그레이엄은 덩컨이나 루스 세인트 데니스(Ruth St. Denis, 1877-1968) 같은, 여성의 육체적 특징을 이용한 무용을 타파하고, 현실의 고통스러운 사회문제들을 신화적 해석으로 표현했다. 당대의 사회적 충동을 단적으로 표현하며, 격렬하고 빨아들이는 듯한 주체성을 일체감(이른바 그의 유일성, uniqueness) 있게 표현했다.[55)]

헝가리 출신의 라반은 무용가였지만 교육자, 이론가로서 더욱 유명하다. 베를린 국립극장의 극장장으로서 안무, 1936년 베를린올림픽 매스게임의 안무를 맡았다. 인간 동작의 본성을 탐구하는 실험과 조형적(造形的)인 리듬의 체계적 분석을 실험하여 무용을 위한 훈련체계를 고안해냈다. 해부학적, 역학적, 생리학적 기초 위에 세워진 그의 연구는 인간의 동작에 대한 통찰력을 제시했다. 그가 개발한 무용표기법(그의 이름을 붙여 Labanotation)은 1928년 「무용보(舞踊譜)」라는 명칭으로 발표되었다. 이른바 과학적인 무용이라는 개념을 창출했다.[56)] 뷔그만이 한때 그의 수제자였다는 사실은 이미 앞서 밝혔다.

덩컨 이후 현대무용가들은 음악적 이미지를 중시한 부류와 역설적으로 반(反)음악적 이미지를 추구한 부류로 크게 나눌 수 있다. 전자는 덩컨을 비롯해 그레이엄, 데니스, 라반, 도리스 험프리(Doris Humphrey, 1895-1958), 호세 리몽(Jose Limon,

1908-1972), 앨빈 에일리(Alvin Ailey, 1931-1989), 폴 테일러(Paul Taylor, 1930-) 등을 들 수 있다.

후자는 뷔그만, 에릭 호킨스(Erick Hawkins, 1909-1994), 머스 커닝엄(Merce Cunningham, 1919-2009), 얼윈 니콜라이(Alwin Nikolais, 1912-1993) 등을 들 수 있다.[57)]

송범이 뷔그만의 기초를 수용했다고 하지만 실제 현대무용의 창작에서는 뷔그만처럼 반음악적인 방법이 아니라, 음악적인 방법을 추구한 사실을 기억할 필요가 있겠다. 앞서 밝힌 대로, 그의 무용은 서양의 고전으로부터 대중음악에 이르기까지 폭넓게 이용했고, 혜택을 받은 셈이다. 1950년대 후반의 작품에서 거쉰의 음악을 통한 송범의 작품은 특히 주목을 받았다.

현대무용에는 전반적으로 개인주의적인 표현성이 강조되었으나 음악적인 이미지를 중시했다는 측면에서 송범은 뷔그만적이기보다는 오히려 덩컨이나 그레이엄적이었다고 말할 수 있다. 특히 인도의 리듬을 중시한 풀러와 데니스, 기성음악의 리듬은 응용했던 험프리, 에일리, 테일러 등과 매우 유사성이 짙은 점을 주목하게 된다.

풀러의 <뱀의 춤> <불의 춤>, 그레이엄의 <페드라>, 데니스의 <라다(Radha)> <코브라> <인도무희의 춤>, 험프리의 <G선상의 아리아> <브란덴부르크 콘체르토 제4번>, 에일리의 재즈리듬류(流)의 춤들, 테일러의 <후광>(헨델 작곡) <산책>(바하 작곡) 등은 송범의 작품들과 유사성이 짙게 드러난다. 기존 음악을 활용해 춤의 동작과 이미지를 창출해낸 점에서 그러하다.[58)]

# 6. 국립무용단의 전통을 세우다

## 1) 명동기

1962년 2월에 국립무용단이 창단되었다. 1월 17일 중앙공보관의 문화살롱에서 국립극장 전속단체 결단식이 열린 후에 국립창극단, 국립오페라단과 함께 무용단도 출범했다. 단원으로는 발레 부문에 임성남, 송범, 진수방, 주리, 이인범이고, 한국무용 부문에 김백봉, 김문숙, 전려성, 조용자, 정인방, 강선영, 김진걸, 이월영 등 모두 13인이었다. 단장은 임성남, 부단장은 송범과 김백봉이 함께 맡았다.[1)]

여기서 국립극장장 김창구가 밝힌 국립무용단 창단의 이면사를 소개하기로 한다.

"당시 서울에서 연구소를 가지고 있는 무용가가 13인 있었다. 규약에 따라 단장 선출투표를 했는데, 정인방이 최다수였다. 그러나 정인방은 그들의 선배였을 뿐, 그 동안 무용 활동이 별로 없어 대외적 지명도가 약했다. 규약에 따라 극장장으로서 거부권을 행사했다. 재투표를 했다. 송범과 임성남이 최다 동수로 나왔다. 고민하고 있는데, 송범이 먼저 자신은 한국무용협회의 이사장이니 임성남을 단장으로 해달라고 했다. 이렇게 해서 임성남이 초대 국립무용단장이 되었다."[2]

송범은 당시 한국무용협회 이사장을 하고 있었다. 그러나 송범은 국립무용단 단원이 된 후에 창작 생활에 전념하기 위해 그 이사장을 사임했다.[3] 어느 국가든지 국립극장은 공연예술사의 주축이다. 우리 국립극장에는 전쟁전기(前期), 전쟁기, 명동시공관기, 명동기, 그리고 남산기라는 시기 구분이 가능하다. 전쟁전기(1950.4-6)는 국립극장설치법에 의해 처음 국립극장이 설치된 시기이다. 대한민국이 건국된 후 아직 어수선한 분위기에서 서울 태평로 부민관(일제강점기 경성부민관, 현 서울시의회당)을 이용해 공연했다. 전쟁기(1953.2-1957.5)는 피난지였던 대구의 문화극장(현 영화관 및 쇼핑몰)을 이용했다.

명동시공관기(1957.6-1961.12)는 전쟁 후 서울시 명동의 시공관(1935년 개관된 영화관인 명치좌 개칭)을 이용했다. 셋방살이였던 국립단체들은 매월 12일씩 무대를 공유(共有)하며 사용할 수 있었다. 명동기(1962.1-1973.9)부터 독자적인 국립극장이 마련되었고, 국립단체들의 활동이 왕성해졌다. 세종문화회관이 세종로에 마련되어 이전하고, 명동의 시공관은 국립극장이 된 것이다.[4]

남산기(1973.10-현재)부터 새로운 극장기를 맞았다. 그 동안 명동의 좁은 공간, 불편한 시설에서 공연을 했던 전속 단체들의 이전으로 창작 활동에 획기적인 변화를 맞게 되었다. 여기서 명동기는 국립무용단이 명동 국립극장에서 활동하던 시기를 일컫

는다.[5)]

국립무용단과 국립발레단의 공연 목록을 보면, 제1회(1962.3) 공연부터 제11회(1969.10) 공연이 동일한 것을 알 수 있다. 발레단은 제13회(1972.6) 공연부터 출범되었지만 제12회(1970.6) 공연부터 준비가 진행되었다. 그러니까 국립무용단은 송범을 주축으로, 국립발레단은 임성남을 주축으로 제12회 공연부터 각기 독립의 길을 걷게 된 것이다.[6)]

국립무용단이란 이름을 갖게 되었지만, 실제로 의기가 투합된 무용단이 둘 이상 합작해서 40분 정도의 중편(中篇) 공연을 하려고 하면, 정부는 그 공연에 안무비, 출연비, 작곡비 등을 지원해 주는 지원방식을 취했다. 유능한 무용단체를 유지하고 있는 인물이 많지 않았던 시절이라서 임성남과 송범은 이런 유리한 배경을 통해 등장하게 되었다.[7)]

국립무용단이 공식적으로 직업무용단이 된 것은 1972년부터였다. 이듬해 남산 신축 국립극장의 개관을 앞두고 송범이 무용극 <별의 전설>을 준비하고 있을 무렵이었다. 이때부터 월급제가 되고, 송범은 초대 단장이 되었다. 그가 20년간 단장을 하고, 퇴직한 뒤인 1993년부터 조흥동, 최현, 국수호(鞠守鎬, 1948-) 등이 단장을 이어갔다.

국내에서 무용의 직업화는 국립무용단을 통해 이루어졌다. 식민지시대 배구자무용단의 다카라즈카류(流)의 수용, 광복 이후 한동인의 서울발레단 운영 등의 사례가 있기는 했지만, 경상비를 유지할 수 없어 일시적인 데 그쳤다. 직업무용단은 극장 공간의 확보, 무용수 및 스태프의 확보, 레퍼토리의 보유, 재정적 뒷받침, 고유의 미학적 목표, 훈련 시스템 등이 갖추어져야 하는데, 송범이 지도한 국립무용단 시대에 이르러 이러한 제반 요소들은 그런 대로 충족되었다.[8)]

이 시기는 송범 개인에게도 중요한 전환기로 지목된다. 김태원은 이렇게 지적했다.

"그의 춤 예술은 두 가지로 볼 수 있다. 국립무용단이 본격적인 활동에 들어가는 1968년 이전과 이후가 그것인데, 그 이전의 송범 무용은 현대무용(마리 뷔그만적 표현무용) 내지 낭만풍의 현대발레 모습을 지녔다. 그 이후는 이른바 극장예술로서의 창작적인 한국무용의 모습을 지녔다. 1950, 1960년대 실존주의와 모더니즘의 열풍은 송범으로 하여금 실존적인 남성춤 '고뇌의 상'을 지니게 했다. <참회> <전선> <패배자> <생령(生靈)의 신음> <현대인> 등이 이에 해당한다. 1960년대는 발레풍의 춤으로 기울어지다가 1968년 멕시코올림픽 문화축전공연 참가부터 한국무용을 부각시키기 시작했다."[9)]

여기서 명동기 송범의 작품 활동을 살펴보기로 한다.

<영(靈)은 살아 있다>(1962)는 고전적인 분위기에서 남녀간의 애정을 듀엣으로 그린 작품이다. 신선(이월영)을 중심에 놓고, 목동(김진걸)과 선녀(김문숙)가 등장하고, 낙랑공주(권려성)와 왕자호동(송범)이 2인무를 추었다. 송범 구성·안무, 김동진(金東鎭, 1913-2009) 음악으로 오케스트라 반주를 시도했다. 군무를 포함한 모든 무용을 민속발레라고 지칭했다.[10)]

조동화는 이 작품에 대해 '선녀가 나오고, 낙랑공주가 나오고, 호동, 춘향, 이도령에서 혁명, 그리고 국가 건설에까지 이르는

나열식 소품집(小品集)이었다. 아무런 성격이 없고 타성에 젖은 공연이었다고 비판'했다.[11)]

송범은 이 작품이 실패한 요인으로 연습의 부족을 들었다. 시간에 쫓기느라 등장인물들의 개성을 제대로 다듬지 못했다고 했다. 당시에는 김백봉과 다른 여자 무용수들의 감정이 좋지 않았던 시절이었다. 연습실에 와서도 작품에 열중하지 않고, 공연히 인신공격으로 갈등하다가 하나 둘 작품에서 이탈했다. 그 빈 역할을 제자들에게 대역을 시켰지만 시간 부족, 역(力)부족으로 제대로 표현할 수 없었다.[12)]

<검은 태양>(1963)은 무용극적인 갈등을 부각시키고자 한 작품이었다. 흑인 청년(송범)과 백인 지주(이월영)의 딸(주리)의 비극적 사랑을 그렸다. 지주는 청년을 내쫓고, 자기 딸을 농장 감독(류보득)과 가까이 하도록 한다. 이 사실을 알게 된 청년은 감독을 살해하고 자결한다는 내용이다. 노예들의 군무가 곁들였다. 송범 구성 · 안무, 아돌프 아담(Adolphe Adam) · 골든 몰트의 음악, 홍연택(洪燕澤, 1928-2001) 편곡으로 공연되었다.[13)]

이 공연은 호된 비판을 받았다. 김경옥은 "대형(隊形)의 형성 등 아직 초보성을 벗어나지 못하고 있다."고 했고, 박용구는 "무용의 생명인 형식미와 작품의 통일된 균형미를 이루지 못했다." 고 평가했다.[14)]

<영지(影池)>(1963)는 현진건의 소설 『무영탑』(1938)의 이야기를 바탕으로 만든 작품이었다. 불국사 앞의 영지에 얽힌 석공 아사달(김진걸)과 아사녀(박금슬)의 전설을 그렸다. 구슬아기(김문숙)를 통해 삼각관계를 이루고, 왕(이월영), 경신장군(송범),

탑직이(양화영) 등이 출연했다. 군무(群舞)로 궁녀, 불의 정(精), 석공 등이 동반되었다. 송범 구성, 김문숙 안무, 김기수・최창권(崔彰權, 1929-2008) 음악으로 공연되었다.[15)]

이 작품에 대하여, 박용구는 '기획의 빈곤이라기보다 무능'이라 지적했고, 조동화는 '민속 기교 및 몇 개 동작의 반복으로 길고 긴 이야기를 하려는 것은 빈곤한 단어로써 높은 정서를 서술하려는 것처럼 억지스러운 일'이라고 지적했다.[16)]

<푸른 도포>(1964)는 도포(道袍)를 입은 양반의 타락을 그린 작품이다. 호색 양반이 시골의 견실한 미인 아낙네를 유혹하려다 봉변당하는 코믹 발레로서, 황휘의 대본, 주리가 안무를 맡았다. 송범은 물레방아간 주인으로 출연했다. 한국발레를 추구한다는 구체적인 목표를 두고 공연한 작품이다. 동시에 공연된 이두현 대본의 <허도령>은 하회별신굿놀음의 시원으로 알려진 허도령의 전설을 소재로 한 판타지 발레였다.[17)]

이 공연에 대해 박용구는 "7대 3의 비율로 서구적인 발레의 기법과 고전적인 디베르티스망(느슨하게 구성된 춤)을 근간으로 했다. 이 작품은 한국적 소재에 발레의 어법을 구애 없이 구사했으나 서구적인 전통으로 다져진 균형감 때문에 약간의 이화감(異化感)을 느끼게 했다."고 비평했다.[18)]

<배신>(1965)은 <춘향전> <토스카>와 유사한 비극으로 젊은 연인들이 권력의 횡포로 사랑을 잃게 되는 내용을 그린 작품이었다. 송범은 호신도령(好信道令)을 맡았다. 송범 구성, 김진걸 안무, 김광식 음악, 김소희(金素姬, 1917-1995)의 창으로 공연되었다. 송범은 여기에 출연하며 '성격이 있는 무용'을 만들고 싶

다는 의지를 밝혔다.[19]

<멍든 산화(山花)>(1965)는 시골 우물가를 중심으로 벌어지는 사랑과 배신의 갈등, 고뇌를 그린 작품이었다. 서로 연정을 품고 있는 총각(송범)과 처녀(김인주)는 서울에서 기생(주리)을 데리고 온 양반(이운철)의 불순한 욕망에 희생된다. 양반은 처녀를, 총각은 기생과 얽히게 됨으로써 총각과 처녀의 순수성은 무너진다. 청년과 처녀들의 군무가 배경을 이루었다. 송범 구성·안무, 최창권 음악으로 공연되었다.[20] 이 작품에 대해 박용구는 소재의 시대착오적 본질성을 비판했다. '현대인의 공감을 살 수 없는 소재를 차용한 까닭에 관객과 극적 구조를 이완시켰다'는 것이다.[21]

이 무렵부터 송범의 안무에는 군무가 창작되기 시작했다. 송범은 자신의 군무가 김백봉의 영향으로 만들어진 것이라고 했다. 특히 1970년대에 들어가서 송범의 한국무용에는 군무가 큰 비중으로 자리를 잡았다.[22]

<아! 1919>(1966)는 1919년 3·1만세운동의 꿈을 그린 작품이었다. 김경옥 대본, 송범은 안무와 배역을 맡았다. 송범이 처음 타인의 대본으로 안무한 공연이었다.[23] 이 공연에 대해 안제승은 명동 국립극장의 불리한 시설을 지적하고, 그런 조건을 고려하지 않은 무리한 전개를 비판했다. 애초에 민중운동의 장면이 펼쳐지고, 또한 장면의 교체가 잦은 설정으로 이루어진 대본이었다. 좁은 무대에서 이런 대본을 공연하려니, 자연 장면이 수시로 단절되고, 끊임없이 되풀이 되는 암전, 그 속에서 일어나는 소음은 감상이라는 말이 통할 수 없는 불리한 정경이었다

는 것이다. 무리한 공연이었음을 지적한 것이다.[24]

<왕비 훼도르>(1966, '페드라'의 당시 표기)는 그리스 작가 에우리피데스의 비극 <히폴리토스>(428)를 원작으로 한 송범의 구성, 안무작이었다. 왕(송범)과 젊은 왕비(Phaedra, 주리), 왕자(Hippolytus, 이운철)와 약혼녀(김인주), 간신(류보득)과 군인(구옥서, 송재원), 궁녀(군무) 등을 배치해 놓고, 왕비가 의붓아들을 짝사랑하는 심리적인 무용을 펼쳤다.[25] 이 작품에 대해 안제승은 클라식도 모던도 아닌, 엉거주춤한 상태에서 조형된 작품이라 지적했다.

<심산유곡(深山幽谷)>(1966)은 하늘의 선녀와 지상의 선비와의 사랑을 그린 작품이었다. 지상을 그리워하던 하늘의 꽃선녀(김인주)가 아름다운 꽃이 만발했다는 소식을 듣고 내려와 선비(최현)를 만나게 된다. 선비의 피리소리에 반한 그녀는 사랑을 나누었지만 재회의 약속을 남기고 승천한다. 선비는 자신의 피리를 선물로 준다. 옥황상제(송범)는 선녀가 지상에 내려간 일을 탈선으로 여기고, 그녀를 지상으로 추방한다. 그러나 그녀가 방황 끝에 선비를 찾아냈을 때는 이미 그가 '물의 요정'(한순옥)의 성의 노예로 전락된 상태이다. 큰 충격을 받은 선녀는 자살한다.

옥황상제는 꽃선녀와 '물의 요정'을 불러 춤으로 대결시키고, 선비로 하여금 그 광경을 보도록 한다. 환시(幻視)를 통해 그 광경을 바라보던 선비는 비로소 지난날 꽃선녀와의 언약을 기억해낸다. 그가 그녀를 찾았을 때, 그 자리에는 피리만이 놓여 있다. 선비 역시 충격으로 자살한다. 마지막에 옥황상제는 그들의

아름다운 사랑에 감동해, 두 영혼을 모두 하늘로 불러올린다는 감동적인 이야기다. 송범 안무에 박성옥, 지영희, 한상묵이 반주를 맡았다.[26]

이 작품은 본격적으로 무용극을 시도해 송범의 새로운 면모를 보였다는 평가를 받았다.[27] 또한 안제승에 따르면, "자칫 내향적 춤사위가 빠져 드는 위험성을 초극해, 적극적으로 생동감 있는 몸놀림과 표현기(技)를 도입했다. 팬터마임에만 의존하지 않은 감정 표현 역시 훌륭했다. 다만 콜드 발레(장군에 비유되는 프리마에 따르는 졸병 발레단원)의 무기(舞技)가 좀 더 무게를 가졌으면 하는 것이고, 남성 콜드의 기량은 여성 무용수와의 불균형에 좀 더 신경을 써야 했다."는 것을 지적했다.[28]

<종송(鍾誦)>(1967)은 불교를 배경으로 한 발레이다. 사미승(이운철)의 번뇌를 그린 작품으로서, 수도승(송범), 소복의 여인(김인주), 관음보살(한순옥), 사미승의 부친(김경식)이 출연했고, 군무로 악귀, '밤의 정', 마을 처녀 등이 참여했다. 송범 구성·안무, 김희조(金熙祚, 1920-2003)의 음악으로 진행되었다.[29]

이 작품에 대해 안제승은 무용음악에 대한 관심을 나타냈다. "김희조의 곡에선 민속적 감미로움이 강하게 뿜어지면서 유려한 극적 분위기를 만들어 갔다. 이처럼 음의 흐름과 무의 기복이 흔연해 근래에 보기 드믄 현상이었다. 한국무용에 대한 깊은 조예와 민속악에 대한 해박한 지식의 소산이라 믿어져 무용음악 정립의 한 폭으로 기록되어 무방할 것이다."라고 평가했다.[30]

<향연>(1968)은 김진걸의 안무 작품이었다. 이 무대에서 송범은 김인주, 이애주, 이금주 등과 함께 <달밤>이라는 무용에

출연했다.31)

1968년 멕시코올림픽 문화축전공연 참가를 계기로 한국무용은 발전의 계기를 맞았다. 정부에서는 송범을 비롯한 김백봉, 전황, 김문숙에게 작품의 지도를 위탁했다. 전황은 농악류의 민속춤, 김백봉은 전통 소재를 재구성한 춤, 송범은 모든 춤기법을 익힌 안무에 능통했으므로, 3인의 협력과 조화로써 출품작을 만들게 되었다. 총연출은 안제승이 맡았다.

이때 3인의 작품으로는 <화관무> <부채춤> <검무> <승무> <무당춤> <선(線)의 유동> <연가> <선녀춤> <농악무>, 리틀엔젤스 작품으로는 <강강수월래> <길쌈놀이> <장고춤> <가야금 병창> <북춤>이 각각 선정되었다.32)

무용 발전의 계기에는 언론의 역할도 지나칠 수 없다. 올림픽위원이던 한국일보의 장기영 사장은 '한국무용이 올림픽의 금메달 감'이라고 높이 평가했다. 이러한 여론이 힘이 되어, 정부는 국립무용단의 육성에 더욱 관심을 기울였다.33)

무용가로서 개인적인 능력을 보면, 송범이 <검은 태양> <명든 산화> <심산유곡> <종송> 등 작품에서 우수한 안무 평가를 받은 것이 국립무용단을 지도하게 된 요인이었다. 다른 무용가들이 자기 유파나 창작에 머물고 있을 때, 송범은 충실한 체험을 바탕으로 대형 무대무용을 안무하는 걸출한 업적을 보였기에 상대적으로 유리한 사회적 주목을 받게 된 것이다.34)

한국무용이란 장르 개념이 생긴 것은 1968년 이후이고, 이것은 곧 송범의 작품에서 비롯되었다고 볼 수 있다. 남산 국립극장이 생기면서 이 개념은 더욱 강화되어 갔다. 외국에 진출하자면 당연히 한국무용을 해야 했다. 무용단에서 작품을 안무하고 아울러 해외공연을 준비하는 과정에서 송범의 한국무용 안무 실력은 더욱 견실해졌다. 그의 안무작 <화관무> <선녀춤> <연가> 등을 통해서 이런 사실을 알 수 있다.[35]

국립무용단의 진로뿐만 아니라, 그동안 현대무용에서, 한국발레로, 다시 한국무용이라는 양식의 전환을 적극적으로 모색하게 되었다. 이것은 단순한 시대의 교체, 양식의 교체가 아니라, 송범의 도약기라는 관점에서 역사적인 의의가 있다.[36]

1972년 뮌헨올림픽 문화축전공연에 파견되는 기회를 이용해 국립무용단은 유럽을 순회공연했다. 9월 3일의 런던 공연에 대한 반응은 다음과 같다. “가장 놀라운 것은 한국의 고유 예술이 그 이웃나라인 중국이나 일본의 고유 예술과는 전혀 관계가 없는 독자적 예술이라는 점이다.”(더 타임스), “이색적이고 황홀한 예술적 즐거움, 모든 관객들이 황홀경에 도취한 공연이었다.”(가디언), “어느 나라의 민속무용이나 10분은 볼 만하다. 그러나 한국의 고전무용은 2시간 이상 나의 주위를 휘어잡았다.”(데일리 익스프레스)[37]

또한 9월 11일의 파리 공연에 대한 반응은 다음과 같다. “지금까지 수많은 동양의 음악과 춤을 보았지만 오늘밤 본 한국민속예술단의 공연처럼 특이한 것은 처음이다. 대개의 경우 동양예술이 너무나 정적이고 단조로운 데 비해, 한국 춤은 신비로우나 단조롭지 않고, 우리 서양인의 감정에도 통하는 바 크다. 한국의 민속무용은 창의성을 간직하고 있으면서 우리에게 어렵지 않고 이해가 쉽다.”(피가로)[38]

송범의 안무는 이렇게 우리 무용을 해외에 인식시키는 데 기여했다.

## 2) 한국발레와 송범

현대무용을 하겠다고 나선 송범에게 그 기초가 되는 발레는 필수 방법이었다. 광복 후 장추화무용연구소를 찾아 온 한동인에게 그와 임성남이 발레를 배우게 된 것은 획기적인 사건으로 기록될 만하다. 불과 1년여의 습득이었지만 일생을 변화시킨 원동력이 되었다. 전주사범학교, 서울발레단을 거쳐 전쟁 중에 일본으로 건너간 임성남은 그곳에서 수학하며 활동하다가 1955년에 서울에 나타났다. 송범은 연하인 그에게 다시 발레를 배웠다. 두 사람이 1955년 코리아발레단을 만든 것은 이처럼 뿌리가 깊은 인연에서 비롯되었다.

송범의 발레 콤비는 주리였다. 광복 후 진수방, 정지수에게 발레를 배운 주리는 피난시절부터 1970년 그녀가 스페인으로 유학을 떠날 때까지 송범과 춤을 자주 추었다. 김상화는 피난지에서 송범이 발레를 연습하던 모습을 회고했다.

"발레는 무대를 위한 무대극이어야 하고, 첫째 소재인 군무진이 있어야만 솔리스트가 융합되어 빛난다는 사실은 상식적인 앙상블의 핵심 조건이다. 피난 시절 그 어려웠던 여건 하에도 연습장에는 항상 남녀 무용수가 20여 명씩 들끓고 있었다. (중략) 그 이후의 작품 <사형대> <벽> <사사의 춤> 등에서 보여주듯이, 남성 무용수와 여성 무용수의 균형이 무대 구성의 조화를 이루었다."[39)]

조동화는 송범의 <패배자>(1956) <환영의 사람>(1956)이 모던 발레의 수법으로 만든 국내 최초의 시도라고 했다. 현대감각과 모랄이 훌륭하게 계산된 작품이었다.[40)] 1956년 11월, 한국무용가협회의 작품발표회에서 안제승 연출의 <비련>이 공연되었다. 조동화는 이 공연에 대해 무용의 계보가 다른 세 사람(김백봉, 송범, 임성남)이 하나의 음악인 화성(和聲)을 만들어낸 것처럼 긍정적으로 평가했다.[41)]

김상화는 <무도의 밤은 깊어>(1958)를 수작으로 평가했다. '웨버 음악을 통해 고전 발레인 니진스키의 <장미의 정령>(1911)의 정서를 관능과 이국조(異國調)의 복수 형태로 강조한 모던 발레였다'는 것이다.[42)] 1960년 3월에는 송범, 임성남, 주리가 주축이 되어, 전신 코리아발레단과 아카데미발레단 53명이 참가한 한국발레단이 창단되었다.[43)]

1962년 2월에 국립무용단이 창단되었다. 이때 송범은 한국무용 부문이 아니라, 임성남과 함께 발레 부문의 단원이 되었다. 그러나 두 사람이 주로 안무를 맡게 되면서, 송범은 임성남과 다른 길을 모색하게 되었다. 임성남은 정통 발레에 더욱 가까운 편이었다. 송범은 현대무용으로 출발했으므로, 두 사람이 동일한 성격의 창작을 할 수 없는 국립극장의 사정을 고려해야 했다. 여기서 나타난 것이 송범의 한국발레(일명 민속발레, 모던 발레)에 대한 모색이었다.

"불확실한 길에서 한시라도 머물지 말고 세대의 조류에 따라 작품상의 현실성 있는 개혁과 발전이 요구된다. 즉, 구태의연(舊

態依然)한 움직임에 의상만의 변화를 가져올 뿐, 어떠한 계통을 가진 순수한 고전 또는 민속무용이 아닐 바에는 이 나라 발전 양상을 충분히 고려하여 근본적으로 민속무용의 정통(正統)을 우리 현실에 호흡될 수 있는 방향으로 이끌고 갈 필요성을, 건설적인 의미에서 제언하는 바이다."[44]

송범은 1961년까지 모두 7회의 발레 공연을 했다. 이것은 조용자(6회), 정인방(4회) 등에 비해 월등히 많은 횟수이다.[45]

송범이 연속적으로 안무한 작품들, 즉 <영(靈)은 살아 있다>(1962) <검은 태양>(1963) <영지(影池)>(1963) <푸른 도포>(1964) <배신>(1965) <멍든 산화(山花)>(1965) <왕비 훼도르>(1966 '페드라'의 당시 표기) <심산유곡(深山幽谷)>(1966) <종송(鍾誦)>(1967) 등이 이러한 한국발레의 계열에 든다. 이상의 작품 가운데 <심산유곡>과 <종송>은 그의 대표작으로 기록될 만큼, 한국적 정취와 발레적 표현을 조화시킨 수작이었다.[46]

송범에게 발레는 마치 '공든 탑'과 같은 실체였다. 발레를 위해 외국의 저명한 무용가를 찾아가 배울 수 없었던 그는 국내 주변에서 가능한 방법을 다 찾아내었다. 그에게 발레는 미래의 대안이자 무용가로서 자기 몸을 만드는 수단이었다. 그가 임성남, 주리와 함께 한국발레의 기반을 다진 것은 바람직한 기여로 평가된다. 특히 한국적인 정서를 탐닉하던 그의 발레는, 이른바 민족문화적인 색채, 로컬 칼라의 묘미가 짙게 배어났다.

이순열은 송범의 발레를 평가했다. "아무리 한국발레의 선사시대에 속하는 난세(亂世)였다 해도 송범의 발레는 너무 엉성했다. 당연한 귀결이기는 하지만 1973년 국립무용단이 국립발레단과 국립무용단으로 분리되었을 때, 발레의 배를 떠나 새롭게 출범한 국립무용단의 단장을 송범이 맡게 되었다는 것은 최선의 선택은 아니었는지 모르지만 최악의 선택이라고 말하기도 어려울 것이다."47)

오늘날, 당시의 시점에서 송범의 한국발레는 이렇게 낮게 평가 받고 있다. 그러나 그렇다고 해서, 당시 한국발레를 위해 송범이 기울인 진지한 노력 자체를 한 마디로 부정할 수는 없는 일이다. 한국발레를 위해서는 누가 시작한다고 해도, 넘어야 할 높은 산을 송범이 먼저 넘었기 때문이다. 송범은 한국발레를 발전시키는 데 기여했을 뿐만 아니라 발레를 통해서 얻은 무용의 다양한 기량을 동시대의 우리 무용을 발전시키는 데 충실히 활용했다.

### 3) 남산기

여기서 남산기란 남산에 국립극장이 건립되고, 새 극장이자 처음으로 전용극장의 막을 올린 1973년 이후를 기점으로 한다. 극장문화사, 공연예술사라는 입장에서 볼 때, 국립극장의 건설은 시대를 바꾸어 놓은, 큰 업적이 아닐 수 없다. 알려진 대로, 조선시대에는 아직 극장문화를 성립시키지 못했고, 식민지시대로 얼룩진 20세기 전반기에는 국립극장이 가능하지 않았다. 광복 후의 혼란기와 이승만정부의 궁핍 속에서 극장을 지을 수 없었고, 일본인들이 남긴 시설을 이용하는 것이 고작이었다.

박정희정부는 혁명 후 경제건설에 박차를 가하는 한편, 정신문화의 쇄신에도 정책목표를 확고히 했다. 당면한 공연예술의 창작과 수용, 시민들의 극장문화 함양과 향수라는 측면에서 국립극장의 건립은 역사적이고 국가적인 대업으로 기록되어 마땅하다.

새 극장에는 대극장(1,494석)과 소극장(344석)이 마련되었다. 뒷날 허규(許圭, 1934-2000) 극장장은 이전의 연습실을 개조한 '실험무대'와 대극장과 소극장 사이에 '마당놀이무대'를 신설해 운영했다. 김명곤 극장장은 대극장을 해오름극장, 소극장을 달오름극장, 마당놀이무대를 하늘극장(2002.6)으로 개칭 또는 개조했고, 별오름극장(2001.5)을 마련했다. 다시 신선희 극장장은 하늘극장을 원형계단 객석에 돔(dome) 개폐식의 KB청소년하늘극장(2008.4)으로 신축했고, 극장 건너편의 건물에 공연예술박물관(2010.5)을 새로 마련했다. 극장의 면모는 이렇게 일신되었다.

극장공간의 변화만이 아니라 새 극장을 통해서 우리 공연예술에 커다란 변화가 이루어졌다. 회전무대와 좌우 이동무대의 메커니즘은 작품의 시각적인 볼거리와 압축적인 내용을 템포감 있게 표현해냈다. 관객들에게 처음으로 시원한 무대를 제공해주었다. 이런 무대의 변화에 따라 무대미술, 조명, 의상, 효과, 음악에 연쇄적인 발전이 이루어졌다.

이 밖에도 공연의 질적 향상, 젊은 작가들의 진출, 충분한 연습시간의 확보, 국립극장 관객으로서의 존재성 부각, 예술가들에 대한 처우 개선, 레퍼토리 시스템의 시도 등이 함께 이루어진 사실도 잊을 수 없다. 요컨대 새 극장은 창작의 산실이자 문

화예술의 향수 공간으로서 우리 문화 수준을 향상시키는 데 역사적인 기여를 했다.[48]

1973년 가을, 송범은 새 극장 무대를 기다리기라도 한 듯이 대형의 무용극 창작에 열중하기 시작했다. <별의 전설> <왕자호동> <춘향전> <마음속에 이는 바람>(<멍든 산화>의 개작) <꿈, 꿈, 꿈> <푸른 천지>(일명 허생전) <썰물> <도미부인> <은하수>(<별의 전설>의 개작) <그 하늘 그 북소리>(<왕자호동>의 개작) <황혼의 노래>(<썰물>의 개작) 등이 이에 해당한다. 이러한 무용극은 뒤에서 별도로 다루기로 한다. 여기서는 먼저 국립극장에서 공연한 송범의 다른 작품, 특히 한국무용들을 살펴보기로 한다.

대극장에서 열린 「1974년 한국무용제전」에서는 송범 안무의 <화관무> <달밤> <칠석날> <산조> 등이 공연되었다. <화관무>는 정재무(呈才舞)의 일종이었던 <춘앵무>에서 받은 우아하고 화사한 아름다움을 바탕으로 재구성한 작품이다. 독무를 군무로 처리했다. 의상은 <춘앵무>와 같이 화관, 앵삼, 한삼을 착용한다. 장단은 세령산(細靈山)으로 시작하여 타령으로 춤이 끝난다. 해외에서 특히 환영을 받은 작품이다. 박연진과 30명이 출연했다.

<달밤>은 고유의 무용 가락을 약동적이고 발랄한 템포로 재구성했다. 내용은 3부로 구성해, 제1부는 한낮 마을 처녀들의 놀이, 제2부는 노을 진 무렵의 처녀와 총각의 사랑, 제3부는 달밤의 '강강술래' 등으로 연행되었다. 음악은 민요에서 채보한 것을 박범훈(朴範薰, 1948-)이 피리, 대금, 가야금의 특성을 살려

편곡했다. 정재만과 40명이 출연했다.

<칠석날>은 무용극 <별의 전설>(1973) 제3막에서 견우와 직녀의 재회와 이별을 그린 대목이다. 정재만(鄭在晩, 1948-2014)과 최혜숙이 출연했다. <산조>는 낙엽이 지는 가을에 고독한 여인의 간장을 녹이는 가야금 선율이 들리고, 그 선율에 따라 여인은 마치 주술에 걸린 듯이 춤에 몰입한다. 장단은 진양에서 중모리, 굿거리, 자진모리, 다시 진양조로 이어진다. 박순자가 출연했다.[49)]

「1975년 한국무용제전」은 광복 30주년 일본 전국순회공연, 오키나와 해양박람회 문화축전공연, 국립극장 정기공연, 국내 전국순회공연을 병행한 대기획으로 송범의 안무로 진행되었다. 일본공연은 8월 15일 오사카 페스티벌홀을 시작으로 오키나와 해양박람회장을 포함한 10월 3일까지 50일간 각지를 순회했다. 귀국 후 대극장에서 정기공연이 이루어졌고, 그 후 11월 18일부터 26일까지 국내 지역공연이 이어졌다.

제1부에서는 나영애와 35명의 <화관무>, 한영숙(韓英淑, 1920-1989)의 <살풀이>, 박춘자와 35명의 <자연의 찬미>, 정재만 · 박순자의 <처녀 총각>, 이문옥과 35명의 <달밤>, 정재만 · 한순옥의 <연가>, 주수영과 15명의 <부채춤>, 최희선과 16명의 <무당춤>, 송수남과 12명의 <장고춤> 등이 공연되었다.

제2부에서는 박성옥 음악, 홍금산과 33명의 <백의 환상> 한영숙과 14명의 <승무> 김미애와 11명의 <바라춤> 이석규와 7명의 <북춤> 정재만 · 국수호 · 박순자의 <탈춤> 한순옥과 14명의 <검무> 김향금과 출연자 전원의 <농악> 등이 공연되었다.

일본의 언론과 지식인들은 이 공연에서 풍부한 민족성을 발견했고, 아울러 일본의 문학과 예술에 끼친 한국문화의 깊은 영향을 느낄 수 있었다는, 요지의 반응을 나타냈다.[50)]

<백의 환상>에서 음악을 맡은 박성옥(朴成玉)은 산조의 명인이었다. 탁월한 가야금 산조로 일찍이 최승희의 일본 공연을 반주했고, 뒤에 조선악극단의 반주를 맡기도 했다. 평소 그의 음악에 심취했던 송범은 수차 작품을 함께 만들었고, 그의 녹음자료를 모두 소지하게 되었다.[51)]

「1976년 종합무용제」는 송범 구성 · 안무로 이루어졌다. 제1부에서는 박순자와 32명의 <화관무>, 홍금산의 <즉흥무>, 박순자와 11명의 <봄의 찬미>, 국수호 · 박순자의 <봄의 낭만>, 국수호와 12명의 <여름>, 국수호 · 홍금산의 <우물가에서>, 주수영과 23명의 <강강술래>, 강이섭과 8명의 <악귀의 무리>, 박순자와 26명의 <성황당에서> 등이 공연되었다. 이상에서 봄, 여름, 가을, 겨울의 춤들은 '아름다운 한국'이라는 표제어로 기획되었다.

제2부에서는 무용극으로 <사(死)의 승무>가 연행되었다. 출연자는 송범(주지승), 국수호(사미승), 박순자(미망인), 박정목 · 백영순(신혼부부), 그리고 군무로서 신도, 비구니, 악마의 춤들이 배경을 이루었다. 제3부에서는 박순자와 24명의 <부채춤>, 송범의 <가사호접>, 국수호와 출연자 전원의 <농악>이 공연되었다. <가사호접>은 작고한 조택원의 대표작으로 스님의 속세화의 갈등을 바이올린과 피아노 반주로 마음 깊숙이 그려낸 작품이다. 이 무대에서 송범은 스승의 영전에 유작을 바치는 한편,

무용 생활 30년에서 자신의 방법이 세계적으로 평가되고 있음에 자부심을 느낀다는 소회를 밝혔다.52)

<사(死)의 승무>는 1951년에 발표된 <참회>를 박범훈 작곡으로 새롭게 안무한 작품이다. 긴 염불로 된 남성 코러스로 막이 열리면, 점차 환상적인 멜로디를 바탕으로 옛날을 회상하는 갈등적인 분위기가 나타난다. 타악과 함께 불협화음이 뇌성벽력 같은 장면으로 바뀌고, 수도승이 번뇌하는 모습이 보인다. 목탁소리, 염불소리, 한바탕의 폭풍우가 지난 뒤에 수도승의 파계 직전에 이르러 종소리로 끝을 맺는다. 세속적 삶에 대한 수도승의 심리적 내면을 그린 음악이다.

이 작품의 안무는 몇 가지 특색을 지녔다. <승무>에서처럼 장삼을 입지 않고 승복을 입은 것은 성격에 맞는 캐릭터를 만들기 위한 것이고, 추상적인 움직임보다는 사실적인 몸짓을 통해 진실을 드러내고자 했다. 굵고 힘 있는 동작선과 마임적 요소를 통해 내면적 표현을 강조했다.53)

이 무렵 송범은 매우 중요한 제안을 내놓았다. 그의 발언은 40년이 지난 오늘날에도 우리 문화계가 되새겨야 할 의미를 지니고 있다. "나는 해외로 오갈 때 우리 춤의 호칭에 불만이 있다. 왜 '민속무용단'으로 나가느냐 하는 것이다. '국립무용단'(의 이름)으로 나가자고 나는 주장한다. 왜냐하면 순수한 우리의 고전무용으로 외국인들이 잘못 인식할까 보아 두렵기 때문이다. 우리 민속무용단이라는 이름으로 나가려면, 근본적으로 편성을 달리 해야 된다고 생각한다."54)

「1977년 전통무용과 음악」은 무용극 <춘향전>의 제2부로 공연되었다. 이 무대에서 송범 안무, 홍금산과 국립무용단 23명의 <강강수월래>, 홍금산과 11명의 <승무>, 백영순과 7명의 <북춤> 등이 군무로 공연되었다.[55]

「1978년 종합무용제」는 송범 구성·안무의 작품들이 공연되었다. 제1부에서는 박순자와 30명의 <화관무>, 한순옥의 <갯마을 처녀>, 석주엽과 13명의 <학춤>, 송수남과 10명의 <장고춤>, 김문숙의 <살풀이>, 김영희와 30명의 <강강수월래>가 연행되었다. 제2부에서는 김향금·이석규·강이섭과 29명의 <환희>, 최현의 <비상>, 장용일·박정목의 <봉산탈춤>, 박순자와 14명의 <부채춤>, 강이섭과 24명의 <승무와 북춤>이 연행되었다.[56]

무용극 <꿈, 꿈, 꿈>(1979)은 다른 작품들과 함께 2부가 공연되었다. 제1부에서는 석주엽과 53명의 <백(白)의 환상>, 장용일(취발이)·이정석(노장)·홍혜림(소무)·박정목과 7명(8목중)의 <봉산탈춤>, 홍금산과 44명의 <아름다운 내 마을> 등이 공연되었다.[57]

「1982년 송범무용전」은 송범의 일생 대표작들이 공연되었다. 제1부에서는 김준영 음악, 국수호의 <가사호접>, 박성옥 음악, 김향금·이홍이의 <황혼>, 박범훈 음악, 박정목·장용일의 <낙동강>, 지영희 음악, 홍금산·김나영의 <사형대>, 최창권 음악, 최영숙·이석규의 <동심>, 리스트 음악, 손병우·박정목의 <생령(生靈)의 신음>, 박성옥 음악, 윤성주·홍형경의 <반자라>, 박범훈 음악, 양성옥(梁性玉, 1954-)과 5명의 <즐거운 계절> 등이 공연되었다.

제2부에서는 박범훈 음악, 국수호·이미경의 <참회> 역시 박

범훈 음악, 손병우, 신신자, 정상노, 양승미의 <우물가에서>, 드보르작 음악, 이문옥 · 조은하의 <수련몽(睡蓮夢)>, 지영희 음악, 정상노 · 강이섭의 <향수> 성두영 음악, 양성옥 · 이지영의 <사사(使蛇)의 춤>, 박성옥 음악, 이화숙 · 김경미의 <이역(異域)에서>, 판소리 사랑가(춘향가)를 바탕으로 한 국수호 · 신규영 · 김송희의 <연가> 등이 공연되었다.[58]

이 작품에서 음악을 맡은 지영희(池映熙, 1909-1979)는 지용구의 해금 산조를 이어 받아 그 위에 장단을 더하고, 가락을 첨삭하여 표현 기법을 다양하게 발전시킨 명인이다.[59]

김상화는 송범무용전의 의의를 다음과 같이 지적했다. "첫째 명장(名匠)이나 명공(名工)은 원래 생명과도 바꿀 수 없는 자신의 예술성이나 기능을 문하생에게 물려주기를 매우 꺼려해 온 것이 사실이다. 송범은 아직 현역으로 활약하고 있음에도 불구하고 자신의 레퍼토리를 송두리째 넘겨 준 것이 다른 사람에게서 찾을 수 없는 미덕으로서 감명을 받았다. 한편, 이러한 미덕을 받아들이는 문화생들의 수용 태도에도 감명을 받았다. 다이내믹하고 가락이 가지는 미의식과 박자 하나하나를 놓치지 않으려는 진진한 태도, 팔의 방향과 눈의 방향의 타당성, 팔을 뻗쳤을 때는 마치 옆구리에서 팔이 솟아오르는 듯한 선의 의미를 파악하고 있는 미학이 어쩌면 그렇게도 송범의 젊었을 때를 연상시키는지, 필자의 눈시울을 적시게 했다."[60]

「1982년 중남미순회 귀국공연」은 송범이 기획 · 안무했다. 김천홍 안무의 <처용무>, 김백봉 안무의 <장고춤>, 최현 안무의 <선녀춤>, 한영숙의 <살풀이> 등이 특별 출연했다. 작품으로는 김향금과 18명의 <화관무>, 국수호·이문옥의 <사랑가>, 양성옥과 14명의 <부채춤>, 「법열」이라는 주제로 양승미와 14명의 <관등놀이>, 국수호의 <승무>, 손병우와 4명의 <바라춤>, 조은하와 5명의 <북춤>, 이화숙과 21명의 <고풀이>, 김경미와 5명의 <즐거운 계절>, 박갑순과 13명의 <강강술래> 등이 연행되었다.[61)]

「1983년 한국무용전」에서는 송범 안무의 대표작들이 공연되었다. 양성옥과 24명의 <부채춤>, 국수호·이문옥의 <사랑가>, 국수호의 <참회>, 이미미와 39명의 <여명>, 김향금·이홍이의 <황혼>, 국수호와 53명의 <농악>이 연행되었다. 다종집합명으로 「파시촌(波市村)」이 연행되었다. 여기서 조흥동과 54명에 의해 <출범> <만선>, 「영혼의 길」은 이화숙·이지영과 24명의 <고풀이> <천도(遷度)>, 「법열도(法悅圖)」는 국수호의 <승무> 박정목과 10명의 <바라춤>, 조은하와 9명의 <북춤> 등이 각각 연행되었다.[62)]

「1983년 송년공연」은 송범 안무로 국립무용단의 <부채춤> <강강술래>가 공연되었다.[63)] 1984년 10월 LA올림픽에 초대를 받아 무용극 <도미부인>을 공연했다. 당시 그곳에 초청된 단체는 영국의 로열오페라단, 러시아의 볼쇼이발레단, 뉴욕시티모던댄스단, 아프리카의 무용단, 그리고 한국의 국립무용단이었다. 이 공연에서 <도미부인>은 호평을 받았고, 세계에 알려지는 계기가 되었다.

「1986년 유럽순회 귀국공연」에서는 한기숙과 7명의 <작법나비춤>, 국수호의 <승무>, 박정목과 7명의 <바라춤>이 공연되었다.[64] 「1987년 무용예술 큰잔치」에서는 <강강술래> <미얄할미춤> <농악>이 공연되었다.[65] 「1987년 대만공연」에서는 <강강술래> <춘향가> <농악>, 무용극 <은하수>가 공연되었다.[66]

「1988년 북소리와 춤의 대교향」은 제13대 대통령취임 경축공연으로 「개벽과 탄생」 「탄생의 소리」라는 주제로 기획되었다. 「개벽과 탄생」은 강경희와 15명의 군무로 연행되었다. 「탄생의 소리」에는 김규화(강원도 정선)의 독경, 강경희와 15명의 <소고춤>, 윤상진 · 양승미의 <사랑춤>, 양성옥과 15명의 <장고춤>, 진도북춤과 밀양북춤을 모은 <북춤>, 끝으로 전원이 출연하는 <격동> <파열>이 연행되었다.[67]

「1990년 마라도 모임새 한마당」은 김재형 구성, 송범 안무로 공연되었다. 이어령(李御寧, 1934-) 문화부장관의 '남북한 문화동질적 회복운동'의 제안으로 이루어졌으며, 마라도 잔디무대를 그대로 응용했다. 송범이 국립무용단 단장을 떠나기 전에 마지막으로 안무한 대작이었다. 뱃나루에서부터 시작된 이 무용은 다종집합명 <마라도 내림풀이> <태어남> <자람> <어울림> <만남> <다툼> <갈라짐> 같은 민족분단과 비극을 상징하는 개념을 시용했다.[68]

남산기에 공연된 작품들을 살펴보면, 독무에서 대무, 군무로 여러 형태의 작품이 보인다. 또한 단일한 구조를 지닌 단일무용, 여러 가지 무용을 모아 놓은 다종집합무용, 작품의 주제를 표제어로 붙인 무용 등이 확인된다. 이런 혼잡으로 송범의 무용목록은 복잡하고 얼른 이해하기조차 어렵다. 이런 문제는 뒤에서 재론하기로 한다.

### 4) 조택원의 〈가사호접〉과 송범의 〈참회〉

조택원은 기녀 김백옥에게 처음 <승무>를 배웠고, 1933년에 <승무의 인상>을 발표했다. 이 작품은 1943년에 <가사호접>으로 재안무되었고, 제자인 송범이 이 춤을 계승했다. 송범은 대구의 박지홍 노인에게 <승무>를 배웠고, 1951년에 이 춤을 바탕으로 현대무용 <참회>를 발표했다. 1976년에는 단편 무용극 박범훈 음악으로 <사(死)의 승무>를 발표했다. 1982년에는 박범훈의 음악을 바탕으로 불교적인 <참회>로 재창작되어 오늘날에 이른다.

이와 같이 <승무>의 현대화 및 재창작 과정을 통해서 우리는 한국무용이 정립된 예술철학의 원리를 발견할 수 있다. 여기서는 송범이 남긴 자료들을 가지고 다시 살펴보기로 한다.

우리 춤을 크게 정(靜), 흥(興), 멋, 능(能)이라 했을 때, <승무>는 오감으로 느낄 수 있는 춤의 정수라 할 만큼 예술적 가치가 뛰어나며 독보적 가치가 있다. 기교면에서 다양성을 가지며 품위가 있고 예술적 격조가 높다. 긴 장삼을 이용하여 공간 구성미를 마음대로 구사할 수 있는 다양성과 복합성을 지니고 있으며, 춤의 진행 중간에 북을 치는 형태로 춤과 음악을 겸한 무용이다. 오늘날 남아 있는 민속무용 가운데 가장 보편성을 가지며 예술 본연의 내면적인 맛과 홍을 간직한 무용이다.[69)]

<승무>의 특징은 다른 춤에서 볼 수 없는 장삼을 입고, 긴 소맷자락을 이용한 장삼놀음과 버선발의 다양한 발놀음(디딤새, 돋음새)이 함께 어우러져 조화로운 맛깔스러움을 연출해낸다.

긴 장삼자락을 허공에 뿌렸다, 감았다, 풀렸다 하는 데서 생겨나는 춤사위의 다양함과 장단 변화에 따른 장삼놀음은 내면적 멋과 흥을 예술적 차원으로 승화시켜 우아한 멋을 표출해낸다. 맺고, 어르고, 푸는 형으로 한국 춤의 정·중·동의 묘미가 배어나는 맛을 보여준다.[70)]

<승무>에서, 직선의 움직임보다 곡선의 움직임을 주로 사용하는 것은 숙련된 기교와 세련미를 직선적으로 표현하지 않고 내면속에서 정화하여 표출함으로써 높은 미적 감각을 느끼게 한다. 여유 있는 움직임으로 느리게 전개되어 점층적으로 고조를 이루면서 삼진삼퇴(三進三退), 전삼후삼(前三後三)하는 구조가 더욱 미적 체험을 낳게 한다. 춤추는 중간에 북을 치는 것은 승무만의 독특한 특징이다. 북을 계속적으로 연타함으로써 흥을 유발시켜 신명으로 감정을 이끌어 가면서도 절제가 적절히 가미되어, 긴장감을 돌게 하고 나중에는 경건함을 갖게 한다.[71)]

조택원의 <가사호접>은 민속춤 <승무>에 예술적 해석으로 개성을 살린 무용으로서, 형식미의 <승무>에서 내용미를 끌어낸 그의 대표작이다. <승무>에서 미흡했던 종교적 기상이나 심오한 예술사상을 내면 추구를 위한 진실된 춤으로 부각시켰으며, 조택원의 꿈과 현실, 이상과 욕망, 지성과 본능의 쉴 새 없는 갈등을 나타냈다. 삶의 몸부림 속에서 자신을 불태워야 했던 젊은 시절의 고뇌상을 적나라하게 표현했다.[72)]

<가사호접>은 우리 춤의 특성에서 벗어나지 않았으며, 조택원 자신의 예술적 사상과 창조성을 발휘하여 내면적 흥과 멋을 표현하였다. 작품이 갖는 사상성을 춤으로 표현함으로써, 정적

인 면과 동적인 면을 조화시켜 우리 춤에 생명을 불어 넣은 작품이다. 그 당시에 우리 춤에 관심이 소홀했던 일반인은 물론, 무용가에게도 무용에 대한 새로운 인식과 자긍심을 심어주고 예술가로서의 위상을 갖게 했다. 조택원 일생의 대표작일 뿐만 아니라 우리 근대무용사의 중요한 작품이다.[73]

이상은 종래의 <승무>와 조택원의 <가사호접>에 대하여 송범 선생이 분석한 '승무론'이다. 또한 송범은 자신의 <참회>에 대하여 다음과 같이 논술했다.

장삼을 입지 않고 스님이 입는 승복을 그대로 사용했다. 장삼의 거추장스러움과 고깔과 긴소매에 가려져 움직임과 표현이 약해지는 것을 극복하기 위해 활달하고 역동적인 동작으로 변화시키고자 했기 때문이다. 출연자(무용수)의 인물을 상징성보다는 실존의 인물로 분(扮)하게 하여 '춤추는 배우'를 등장시킴으로써, 극적 효과를 증대시키고, 출연자와 관객과의 거리 폭을 좁혀줌으로써 공감대를 형성하고자 했다. 이해의 폭을 넓혀 추상적인 면보다는 사실적 내면 연기의 진수로써, 진실성이 내면적 충동에서 발산되는 생동감을 적극적으로 표현하고자 했다. 춤사위는 남성적이면서 서정적인 면을 중시했고, 굵고 힘 있는 다이내믹한 동작으로 어르거나 머무름이 없이 표현성을 강조하고자 했다.[74]

마임적 요소를 겸한 장식적 움직임과 직선적이고 부드러운 곡선을 극적 전개 형식으로 접목시켜 캐릭터에 맞게 춤사위를 사용했다. 부처님의 세트를 제작하여 사용하거나 슬라이드로 영상 처리하여 극적 분위기를 연출해내도록 했다. 음악은 오케스트라 형식에서 느낄 수 있는 웅장함과 무용음악으로서 특징을 살려 다이내믹한 극적 효과를 증대시키고자 했다. 춤사위는 전통무용의 형식에 얽매이지 않고 독자적으로 재창조하여 직선과 곡선의 조화로움을 접목시켰다. 의상에서부터 무대 세트까지 예술무용으로 면모를 갖추어 명실공히 하나의 종합예술로 발전시키고자 했다.75)

## 5) 한국무용과 송범

송범이 전통춤을 배우기 시작한 것은 피난시절부터였다. 대구의 박지홍 노인에게 <승무>를 배웠고, 전라도 노인에게는 김문숙과 함께 풍물춤을 배웠다. 현대무용과 발레를 해 온 그가 민속춤을 배우면서 우리의 춤의 장점과 단점, 방법과 기술을 발견했음은 물론이고, 장차 그것을 무대무용으로 새롭게 정립해 나가는 방안에 고민하기 시작한 것으로 여겨진다.

1953년 10월에 서울에 귀환한 이후, 그는 김백봉을 비롯한 여러 전통무용가들의 춤을 무용가의 안목으로 감상하고 분석하게 되었다. 김백봉의 탁월한 능력에 감동한 적은 한두 번이 아니었다. 「권려성 무용발표회」에 매우 따뜻한 시선을 보내며, 감상문을 남긴 것도 하나의 사례이다.

1963년 9월에 송범은 '승무'를 소재로 한 현대무용 <사바의 유혹> <광열의 고독>을 창작했음을 주목하게 된다. 그는 무용협회 이사장이 된 이후 박금슬(朴琴瑟, 1925-1983)을 초청해 <문둥이춤>을 배웠다. 국립무용단장이 된 이후에는 하나하나 작품을 무대에 올릴 때마다 전통춤을 추는 명인들을 극장으로 초청해 단원들과 함께 배웠다.

한영숙에게 <승무>, 박송암(朴松岩, 1915-2000)에게 <바라춤>, 김선봉(金先峰, 1922-1997)에게 <봉산탈춤>, 김상용(金相容, 1926-2001)에게 <양주산대놀이>, 박병천(朴秉千, 1933-2007)에게 <씻김굿>과 <진도 북춤> 등을 배웠다. 이렇게 춤을 배운 것은 초보자의 입장으로 볼 수 없다. 안무자로서, 전통춤을 배우면서 동시에 그 춤을 한국무용으로 안무해내는 창작 과정이었다고 볼 수 있다.

1976년 10월에 발표한 글에서 송범은 한국무용에 대한 신념을 분명히 했다. "나와 관객이 함께 살고 있는 현대, 그 현대를 수용할 수 있는 작품을 만들고 싶다. 세계적인 보편성을 지닌 한국무용의 창조이다. 외국에서 내가 얻은 작품 평가는 나의 지난 30년이 결코 헛된 것이 아니었음에 자부심을 갖게 한다. 전통춤의 우아함, 멋과 흥을 바탕으로, 필요하다면 발레나 현대무용의 수법을 섭취하여 인류의 보편성 있는 한국무용을 창조하고 싶다. 이것이 나의 신념이다."[76)]

송범의 한국무용은 개인적으로 그간의 한국발레 활동에서 한 단계 나아가 새로운 무용을 위한 실험과 도전이라 할 수 있었다. 이것은 개인적인 변화에 그치는 일이 아니라, 한국무용사의 일대 전환을 동반한 사건이기도 했다. 아울러 이러한 전환의 동기는 1968년 멕시코올림픽에서 국립무용단의 공연 기획과 안무를 맡게 된 점이었다. 그리고 전환의 계기로는 남산 국립극장의 신축 개관, 국립무용단의 국립발레단과의 분리 독립, 국립무용단의 직업화 및 전문화, 1970년대부터 빈번해지는 국립무용단의 해외 순회공연 등을 들 수 있다. 한편으로 송범의 개인적인 꿈과 주변의 여건이 잘 맞아 든, 행운의 기회로 볼 수 있었다.[77]

김태원도 "송범은 국립무용단의 진로뿐만 아니라, 그 동안 현대무용에서, 한국발레로, 다시 한국무용이라는 양식의 전환을 적극적으로 모색하게 되었다. 이것은 단순한 시대의 교체, 양식의 교체가 아니라, 송범의 도약기라는 관점에서 역사적인 의의가 있다."고 지적했다.[78]

국립극장에서 한국무용의 안무를 계속하면서 송범은 어떤 생각을 지니고 있었을까. 그의 회고를 들어본다.

"처음 현대무용을 시작하면서 마음속으로 언젠가는 한국무용을 해야 하겠다고 생각했다. 발레로 몸을 익혀 모든 기능을 한국무용을 하는 데 이용해야 하겠다는 구체적인 의식을 갖게 되었다. 현대무용이니 발레니 하는 것을 하지만, 그것은 어딘가 한국인의 정서나 체질에 맞아 떨어지지 않는 것을 느꼈기 때문이다. 그것에서 '넘어서야' 된다고 다짐했다. 내가 '우리 것'을 해야 한다고 마음먹었다."[79]

송범은 자기 수련을 보다 철저히 하기 위해 농악을 탐구했다. 논문 「농악형식에 나타난 무용에 관한 연구」가 그것이다. 이 연구를 통해 그는 특히 상쇠춤, 장구춤, 북춤, 소고춤, 잡색춤을 상세히 조사했다. 춤사위의 동작들은 상체동작, 동체동작, 하체동작, 외 사위, 양 사위, 깨끼 사위, 고개 사위, 어깨 사위, 뿌림 사위, 얹는 사위, 모으는 사위, 배김 사위, 방아 사위, 한 발든 사위, 모듬뛰기 사위, 앉는 사위, 옆치기 사위, 도는 사위, 딛음

사위, 돋음 사위, 갈지자 사위, 걷는 사위 등으로 분석해냈다. 춤사위에 대한 명석한 연구로 평가할 만하다.[80)]

그는 창작이라는 개념을 분명히 하기 위해 '춤'이라는 일반 명칭보다 '무용'이라는 장르개념을 선호했다. "신무용과 전통무용이 한국의 무용이지만, 좁은 의미의 한국무용은 발레나 현대무용에 대적하는 춤의 장르로서 60년대 이후에 붙여진 이름이 아닌가 한다. 한국무용이란 '춤'이 아닌 '무용'이란 점을 강조하기 위해 생겨났다고 본다. 전통춤이 손바닥을 엎고 뒤집는 것이 전부였다면, 한국무용의 모든 동작들은 창조된 것이다. 무대무용이라는 점을 강조해서 생겨났고, 이미 최승희나 조택원 선생 때부터 시작된 것이다. 나는 현대무용이나 발레공연에 춤 공연이라고 말을 붙이는 것을 이상하다고 생각한다. 춤과 무용의 개념이 달라졌기 때문인데, 무용이란 예술적인 형식을 지닌 춤에 붙여진 명칭이다."[81)]

앞에서 서술한 대로, 멕시코올림픽에서 송범은 김백봉, 전황과 함께 안무한 <화관무> <부채춤> <검무> <승무> <무당춤> <연가> <선녀춤> <농악춤> 등을 본격적인 무대무용으로 재안무하는 데 적극적으로 나섰다. 자신이 과거에 만든 작품 <인생> <양자강> <참회> <사형대> 같은 작품을 한국무용으로 재안무하는가 하면, 국립무용단의 「1974년 한국무용제전」에서부터 한국무용의 레퍼토리를 하나하나 정립시켜 나가기 시작했다.

그것은 <강강술래> <연가>(일명 <사랑가>) <황혼> <낙동강> <사형대> <동심> <즐거운 계절> <참회>(일명 <사의 승무>) <우물가에서> <백의 환상> <부채춤> <갯마을 처녀> <관

등놀이> <고풀이> <산조> <칠석날> 및 <견우직녀의 이별>(무용극 <별의 전설>의 일부) <지상에서 천상으로>(무용극 <은하수>의 일부) <기로에 선 여인>(무용극 <그 하늘 그 북소리>의 일부) <영혼의 길>(무용극 <도미부인>의 일부) 등 일일이 헤아리기 어려울 정도로 주옥같은 작품들이다.

우리 무용사에서 이처럼 훌륭한 무대무용을 다듬어 놓은 무용가는 불과 몇 사람에 지나지 않는다. 한국무용의 개척, 레퍼토리의 정립, 한국무용 장르의 보편적인 개념을 진보적으로 이루어내는 데 송범만큼 뛰어난 무용가는 찾아보기 어렵다. 그는 해외순회공연에서 '민속무용단'이라는 명칭을 사용하는 데 반대했다. 국립무용단 또는 한국무용 공연이라는 떳떳한 명칭을 내세우고 싶어 했다. 민속춤에서 전통무용으로, 전통무용에서 한국무용으로 발전해 온 과정을 그대로 당당하게 모든 세계의 관객들에게 공개하고자 했던 것이다.

# 7. 무용극 창작의 대업

## 1) 견우와 직녀의 이야기

송범은 1962년부터 1992년까지 30년간 국립무용단을 이끌었다. 여기서 '이끌었다'는 표현을 쓰는 것은, 말 그대로 이름뿐이거나 몇 편의 자기 안무 작품만을 되풀이하다가 자리를 뜬 다른 예술감독들에 비해, 작품 창작의 선도자였음을 뜻한다. 그의 예술감독 30년은 끊임없는 자기 쇄신기이자, 그대로 국립무용단 발전과 도약의 시기였으며, 특히 그 동안 열악했던 무용극을 우리 무용의 장르로 분명하게 수립해 놓은 역사적인 시기였다.

앞서 지적한 대로, 1973년 가을부터 그가 발표하기 시작한 <별의 전설> <왕자호동> <춘향전> <마음속에 이는 바람>(<멍든 산화>의 개작) <꿈, 꿈, 꿈> <푸른 천지>(일명 허생전) <썰물> <도미부인> <은하수>(<별의 전설>의 개작) <그 하늘 그 북소리>(<왕자호동>의 개작) <황혼의 노래>(<썰물>의 개작) 등은 지금도 관객들의 마음에 선연하게 기억되고 있다.

송범이 작고한 뒤에 <도미부인>은 국립극장의 대표적인 레퍼토리가 되었고, 무용극 속에서 다듬어진 그 많은 독무 또는 군무들은 지금도 전국에서 자주 공연되는 레퍼토리 목록이다. 그가 이끌었던 지난 30년이 무용사에서 얼마나 귀중한 시간이었는지를 작품들은 웅변하고 있다.

송범은 무용극에 도전하게 된 이유를 여러 가지로 제시했다. 무엇보다도 무대무용으로서 우리 춤이 갖는 양적 질적 한계를 첫 번째 이유로 들었다. 정도의 차이는 있지만 모든 무용은 극적인 요소를 지니고 있다. 서양의 발레 명작들을 염두에 두고 송범은 진작부터 극적 요소가 담긴 현대무용, 한국발레, 한국무용을 시도해 왔다. 그러나 한국무용을 발전시키는 방법의 하나로 무용극을 만드는 것이 가장 바람직한 대안임을 자각하게 되었다. 무용극을 하면, 대형무대에 맞는 작품의 개발, 여성무와 남성무의 균형 있는 개발, 전통춤의 다양한 활용, 레퍼토리의 정립, 무용음악의 창작, 대중 관객의 확보 등 무대예술 분야의 폭넓은 발전 등을 동시에 이루어낼 수 있다는 확신이었다.[1)]

1973년 가을, 송범은 새 극장 무대를 기다리기라도 한 듯이 대형의 무용극 창작에 열중하기 시작했다. <별의 전설>(1973)은 견우와 직녀의 전설을 그렸고, 국립극장 준공을 기념하는 작품이었다. 서항석(徐恒錫, 1900-1985) 원작, 안제승 대본, 송범 안무, 박범훈 음악, 장종선(張鍾善, 1924-) 무대, 김동진 장치, 이우영(李佑永, 1937-) 조명으로 제작되었다.

여기서 잠시 일제강점 말기에 제작된 작품 이야기를 소개하고 싶다. 서항석 대본의 <견우직녀>(전편인 '地上篇', 1941)와 <은하수>(후편인 '天上篇', 1942)는 우리 근대연극사에서 최초로 본격적인 음악극으로 평가되는 작품이다. 라미라(羅美羅)가극단이 부민관 무대에서 이 작품의 상하 전편을 공연한 것이다. 가극단, 악극단은 당시 음악극을 하는 단체들을 지칭한 것인데, 트로트 계열의 유행가부터 창작곡에 이르기까지 다양한 양식의 음악을 바탕으로 음악극을 만들었다. 1940년대에 라미라가극단(콜롬비아악극단의 재구성), 반도가극단, 조선악극단은 3대 악극단으로 유명했다.[2]

이 대작은 당시 통속적인 악극을 오페라 식으로 격상시킨 본격적인 음악극이었다. 서항석의 구성・연출, 설의식(薛義植, 1900-1954) 가사, 안기영(安基永, 1900-1980) 작곡, 장추화 안무, 박용구(朴容九, 1914-) 합창지도, 김일영(金一影, 1910-1959) 장치로 제작되었다. 송진혁(견우), 성애라(직녀), 윤부길(소), 이성운(사슴) 등이 출연했다. 이름을 보면, 그때 최고 실력을 지녔던 스태프진과 캐스트진이 참여했음을 한 눈에 알 수 있다.

<견우직녀>(1941)에 비해 <은하수>(1942)는 작품 수준이 뒤진다는 평가를 받았다. 우의전설(羽衣傳說) 그대로를 극화시킨 이 작품은 견우와 직녀의 순결하고 간절한 사랑과 만남을 전개시켰다. 천상과 지상이 서로 교류하고 인간과 동물이 서로 대화하면서, 우주의 공존과 평화적 질서를 이상으로 하는 설화를 현대화하고자 했다. 작가가 이 작품에서 추구한 것은 사랑과 평화의 회복이라고 할 수 있고, 이러한 정신은 날로 살벌해지는 식민지치하에서의 절실한 소망이었다.[3]

이 작품은 가사와 음악 형식에 특별히 주의를 기울인 것이 확인된다. 남성독창・여성독창・남녀이중창・혼성합창・병창 등

의 각종 창법이 이용되고, 거기에 더하여 민요풍・단가풍・덕담풍・재즈풍・명곡풍・대화풍・사설풍・동요풍・육자백이풍 등의 여러 가지 특성이 가미되어 풍부한 음악성을 드러냈다. 통속적이고 저질적인 악극이 범람하던 당시에 정서적인 연기와 춤, 노래와 대사를 최대한 활용하여 음악극적인 분위기와 국면의 변화를 추구하고자 한 노력은 괄목할 만한 시도로서 평가되었다. 박용구는 이러한 시도를 후일 향토가극(鄕土歌劇)이라 정의하기도 했다.[4)]

이러한 과거의 작품에 대해 <별의 전설>(1973)은 제1막 지상편, 제2막 산신제, 제3막 천상편으로 구성되었다. 배역은 송범・은방초・정재만(이상 견우), 김문숙・최혜숙・박순자(이상 직녀), 최현(옥황상제), 최희선(무녀), 한순옥(꽃의 정), 박정목(용왕), 정재만(학), 국수호(사슴) 등이 출연했다. 군무는 사냥꾼, 연꽃, 마을처녀, 살풀이, 까치, 무녀, 8선녀, 선녀들, 달밤, 시녀 등 국립무용단원들이 출연했다. 안무자 송범은 '전통무용의 흥겹고 아름다운 형태를 최대한 보존하면서, 극적 표현을 살려 나가는 데 치중했다'고 말했다.[5)]

이 작품이 공연될 때, 국수호가 일으킨 에피소드 하나를 소개하기로 한다. 군대에서 제대하고 국립무용단에 입단한 그는 첫 작품으로 사슴 역할을 맡았다. 마지막 드레스 리허설에서 사냥꾼에게 쫓기는 춤에 너무 몰입한 나머지 그는 무대 앞 오케스트라 피트의 밑 피아노 위에 굴러 떨어지고 말았다. 공연장은 순식간에 아수라장이 되었다. 당시 사냥꾼으로 출연한 국립극단의 배우 박상규(현 상명대학교 연극과 교수)가 그를 업고 병원

으로 달려갔다. 국수호는 3시간 뒤에 의식을 회복했고, 다음날 다행스럽게 공연에 참여할 수 있었다.6)

또 하나, 작곡자 박범훈과의 에피소드가 있다. 송범은 <별의 전설>의 작곡자로 박범훈을 마음에 두었다. 어느 날 그는 박범훈을 안내해 극장장실의 문을 두드렸다. 송범은 극장장에게 무용음악을 작곡할 사람이라고 소개했다. 그런데 극장장은 박범훈을 한번 쳐다보고는 '어디서 이런 어린이를 불러왔느냐' 하는 표정을 지었다. 받아들이기 곤란하다는 태도가 분명했다. 일종의 문전박대(門前薄待)였다. 두 사람은 그곳을 되돌아 나왔다. 그리고 작곡자로 유명한 어느 대학 교수가 선정되고, 그의 곡이 제출되었다. 그러나 그 음악은 비록 좋은 곡이라고 해도, 무용극 음악으로는 어울릴 수 없었다. 어느 날 박범훈은 극장장의 연락을 받았다. '제발 작곡을 다시 부탁한다'는 간절한 목소리였다. 박범훈은 생각하던 나머지 작곡을 맡았고, 공연은 무사히 끝났다. 그때 그의 나이는 25세였다.7)

안제승은 이 작품이 지금까지 어느 작품보다 '질이나 양에서 차원을 달리하고 있다. 무용수의 기량이 안정감 있고 짜임새 있는 공간 조형을 이루었다'고 긍정적으로 평가했다. 그러나 음악과 무용의 부조화, 등장인물의 성격 미숙, 극적 상황 부각의 난조(亂調) 등은 장차 보강되어야 할 요소로 제시했다.8)

<은하수>(1986)는 86아시아경기대회 문화축전공연 참가를 계기로 <별의 전설>(1973)을 개작한 것이다. 송범은 개작의 이유를 다음과 같이 밝혔다. "아시아 전역에 퍼져 있는 견우와 직녀 이야기는 공감력이 넓다. 천상이라는 이상향과 지상이라는

단순한 구분보다는 소박한 꿈을 지닌 선녀와 충복한 농민과의 화합과 이별이라는 숙명을 직녀에게 초점을 두고 그렸다. 현실적인 감각으로 인간의 희노애락을 우리의 춤으로 표현하고자 했다."

작품은 제1장 천상의 향연, 제2장 지상의 산신제, 제3장 지상의 약속, 제4장 몸부림치는 견우의 애절함, 제5장 천상의 칠석날 등으로 구성되었다. 제작은 차범석 대본, 송범 안무, 박범훈 음악, 최연호(崔衍昊, 1926-1996) 장치, 이우영 조명, 그레타 리(본명 이용주) 의상, 이경하 소품, 공성원 음향을 담당했다.

배역에는 견우에 조홍동・국수호, 직녀에 윤성주・양성옥, 옥황상제에 장용일, 황후에 이문옥, 바람신에 손병우・박정목, 옥녀에 최영숙・김향금, 사슴에 김재형・조형주, 무당에 최정임・이지영・홍형경・조은하, 아들에 한기숙, 딸에 전은경이 출연했다. 군무로는 칠선녀, 선녀들, 마을사람, 무당, 바람신, 까치, 사냥꾼, 환희춤 등이 연행되었다.[9)]

## 2) 왕자호동 이야기

무용극 <왕자호동>(1974)은 고구려 대무신왕의 왕자 호동과 낙랑공주의 사랑을 그린 작품이었다. 제작은 전진호(田鎭浩, 1943-1993) 대본, 이진순(李眞淳, 1916-1984) 연출, 송범 안무, 이성천 음악, 김동진 미술, 조성인 장치, 이용주 분장, 김두환 음향, 구길웅 조명, 진옥수 창검지도, 서울시립국악관현악단 연주, 한만영(韓萬榮, 1935-2007) 지휘로 공연되었다.

배역에는 최리왕에 송범, 왕비에 최희선, 호동모(전왕비)에 송수남, 호동에 국수호 · 정재만, 낙랑공주에 한순옥 · 문일지, 호동시녀에 최혜숙 · 박순자, 공주시녀에 조순례 · 정봉애 등이 출연했다. 군무로는 태고무, 홍주누, 패잔병, 축제무, 봉무, 궁녀, 장검무, 휘나레 등이 연행되었다.

작품은 제1막 제1장 승자, 제2장 패자. 제3장 첫 번째 해후, 제2막 제1장 공주궁, 제2장 옥중의 명상, 제3장 공주궁, 제4장 기도로 구성되었다. 송범은 안무자로서 '수공업적인 노력으로는 무용극의 성과를 기대하기 어렵다. 우리 무용은 극적 요소가 부족하다. 작품의 주제와 사상성을 전달하기 위한 과감한 시도와 부단한 연구가 필요하다'고 말했다.[10]

이 작품에 대해 김상화는, 송범이 애초 무용극에 맞지 않은 전진호의 대본을 대폭 수정하면서 안무한 것이 큰 효과를 발휘했다고 지적했다. 하마터면 중단될 뻔한 대목들을 안무의 조화를 통해 잘 표현해냈다고 지적했다.[11]

<그 하늘 그 북소리>(1990)는 <왕자호동>(1974)을 바탕으로 새롭게 만든 작품이다. 제작은 차범석 대본, 정일성 연출, 송범 안무, 박범훈 음악, 최연호 장치, 그레타 리 의상, 김인철 조명, 한송헌 음향, 범기창 영상, 여운덕 작화, 이상익 소품, 김종한 분장을 맡았다. 중앙국악관현악단의 연주로 공연되었다.

배역은 호동왕자에 박정목 · 김장우, 낙랑공주에 최정임 · 양승미, 가화(남장 미인, 왕자의 애인)에 양성옥 · 홍형경, 최리왕에 손병우 · 장용일, 왕비에 이문옥 · 김향금, 필대장군(공주의 약혼자)에 차효영 · 손병우, 시녀에 김미경 · 손인영, 떠돌이 무

녀에 이미미・윤성주 등이 출연했다. 군무로는 수련꽃의 정, 시종, 한나라 사신, 마을 사람, 낙랑군사, 낙랑궁녀, 청용의 물, 환상A, 환상B, 고구려 군사 등이 연행되었다.

작품은 제1장 서곡, 제2장 승자 낙랑, 제3장 패자 고구려, 제4장 어느 성터, 제5장 침입자, 제6장 수련이 필 때, 제7장 기로에 선 공주, 제8장 그 하늘 그 북소리로 구성되었다. 송범은 이 작품을 재기획, 안무한 의도를 밝혔다. "국경을 초월한 애국과 순수한 사랑의 갈등을 내재하고 있어 현시대에 아주 좋은 소재라고 생각한다. 춤으로 표현하고, 극적 요소를 뽑아내어 감각적인 무대를 만드는 데 노력을 아끼지 않았다."고 말했다.[12)]

연출자 정일성은 송범의 연습 과정에 대해 이렇게 회고했다. "작업 과정은 퍽 교훈적이었다. 연습하는 동안은 그야말로 한 치의 여유도 허용하지 않은 분위기 속에서 매 단계마다 모든 움직임을 깔끔하고 또렷하게 철저히 준비하는 가르침이었는데, 특히 군무 부분에서는 앙상블을 중시하면서 겹겹으로 그 철저함을 더하는, 잔인하리만큼 맹렬한 진행이었다. 한 마디로 작품 연습은 광기와 비수(匕首)가 교집합(交集合)된 듯했고, 송범은 그 중앙에서 연기를 내뿜는 한 사람의 배우였다."[13)]

이 작품에 대하여, 장광렬은 '춤이 갖는 아름다움을 한껏 보여 주었고, 합창이 곁들여진 국악관현악단의 현장 음악은 '듣는 즐거움'을 선사했다'고 했다.[14)]

김태원은 다음과 같이 평가했다. "<왕자호동>과 같은 소재이지만 두 가지 시도를 분명히 했다. 호동왕자와 낙랑공주 사이에 가화라는 남장여인을 삽입시켜, 인물들의 성격 추구와 심리 묘사에 한결 복잡성을 꾀하려 한 것, 무용극다운 스펙터클한 구축을 위해 합창을 곁들인 음악과 과감한 서사극적 장면을 보여준 것이다."[15]

무용극의 명장면에 대해 그는 이렇게 언급했다. "안무자 송범은 낙랑공주로 하여금 무대 뒷면에 설치된 거대한 자명고 앞에서 몇 번 망설임의 동작을 하게 한 후, 무대 뒤에서 나온 한 무리 백색 의상을 입은 이들, 그리고 무대 양옆에서 나온 검은 의상을 입은 이들의 상징적 대립을 연출해냈다. 마침내 검은 의상들이 공주를 타원형으로 에워싸고 무대를 지배하게 하면서 그녀로 하여금 자명고를 찢는 자멸적이고 도발적인 행위를 꾀하게 했다. 이때 그들이 치는 작은 북소리, 국악 타악기의 소리, 뒷 슬라이드 프로젝션에 순간 삽입되는 자명고 위의 칼자국은 극적 스릴감을 충분히 고취시키고 선연한 느낌을 주었다."[16]

참고로 국립발레단의 창작발레 <왕자호동>(1988)에 대해 언급해 두기로 한다. 서울올림픽에 맞추어 개최된 서울국제무용제에서 이 작품이 시연되었다. 이어 정규공연으로 국립극장에 올려진 후 현재까지 수차 재공연되었다. 송범과 함께 출발한 임성남 안무의 대표작으로서 무용극 <왕자호동>과 쌍벽을 이룬다.[17]

### 3) 도미 이야기

백제인 도미(都彌)는 『삼국사기』 열전에 등장하는 실존 인물이다. 그 아내 도미부인은 미모와 절개가 뛰어나 사람들의 찬사를 받았다. 개루왕은 이 소문을 듣고 부인을 유혹하고자 거짓말을 했다. 왕은 도미와 내기를 해서 자신이 이겼는데, 이기면 부인은 왕에게 수청(守廳)을 들기로 약속을 했다는 내용이었다. 부인은 '왕은 거짓말을 할 사람이 아니라'고 사람들을 안심시키고, 자신이 수청을 들 것처럼 행동하면서, 왕을 먼저 침실에 들게 했다. 그리고는 다른 여인을 변장시켜 침실에 들게 했다.

도미부인이 응하지 않은 사실을 알게 된 왕은 화가 치밀었다. 남편 도미를 잡아들여 그의 눈동자를 빼고, 그를 배에 실어 강물에 띄웠다. 왕은 다시 도미부인에게 수청을 강요했다. 부인은 월경중임을 구실로 다음날을 약속했지만 그 길로 도주하고 말았다. 천우신조로 배를 타고 백제를 벗어났고, 그리던 남편과 더불어 고구려에 가서 살았다. 이상의 도미전의 전부이다.

<도미부인>(1984)은 초연 이후 국립무용단에서 가장 많이 공연된 작품으로서, 대표적인 레퍼토리가 되었다. 전체적인 구조와 조화도 그렇지만, 특히 감명을 주는 장면은 맹인이 되어 방랑하던 도미가 풍물패를 이끌고 떠돌던 아내를 만나는 장면의 대무(對舞)다. 지팡이를 짚고 더듬거리던 도미는 멀리서 들리는 풍물소리를 듣고 잃었던 몸의 정기를 회복하기 시작한다. 일행과 함께 맹인 남편 가까이 다가온 아내는 그가 바로 도미임을 발견한다. 두 사람은 재회의 기쁨과 생존의 환희를 아름다운 몸짓으로 표현한다. 도미는 이미 손에서 지팡이를 놓은 상태다. 절망과 비탄 속에서 부부의 사랑은 춤을 통해 더욱 빛난다. 두 사람은 춤의 혼을 마음껏 불태운다. 그리고 도미는 그 자리에서 절명한다. 순간, 도미부인의 춤은 남도창의 전통 가락과 조화되

어 절정으로 치닫는다.[18)]

이 작품은 차범석 대본, 허규 연출, 송범 안무, 박범훈 음악, 최연호 미술, 이우영 조명, 공성원 음향, 그레타 리 의상, 이경하 소품 담당으로 제작되었다. 배역은 초연을 기준으로 도미부인에 양성옥 · 이문옥 · 이화숙 · 김향금, 도미에 국수호 · 조흥동, 사당녀에 이미경 · 최영숙 · 김경미 · 이미미, 왕에 박정목 · 장용일, 왕비에 박숙자 · 최정임, 왕무당에 이지영, 망난이에 손병우 · 최용준, 학에 손병우 · 정병열 등이 출연했다. 군무에는 연꽃, 연꽃의 정, 처용무, 망난이, 병사, 의물잡이, 마을사람, 내시, 고풀이춤, 천도 등이 연행되었다. <강강술래>는 안숙선의 창으로 연행되었다.

작품은 제1장 마을, 제2장 궁중, 제3장 거리, 제4장 형장, 제5장 거리와 마을, 제6장 제의 마당으로 구성되었다. 송범은 이 작품을 안무하면서 다음과 같은 의도를 밝혔다. "전통무용의 재현은 전수자의 할 일이다. 오늘의 예술은 무엇보다 개성 주입이 관건이고, 작품을 통해 관객과 화동할 수 있는 감동이 중요하다. LA올림픽 문화축전공연에 참가하는 것을 계기로 이 작품을 제작하게 되었다. 세계인들이 쉽게 이해할 수 있도록 작품을 만들었다."[19)]

양성옥은 필자와의 인터뷰에서 작품의 특징을 지적했다.

"첫째로, 전통 춤사위 기법으로 안무된 한국무용이다. 농악에서부터 민속무용, 궁중무용에 이르기까지 모든 전통춤들이 요소요소에 삽입되어 등장인물을 살려냈다. 둘째로, 우리 악기만으로 작곡 연주되었다. 음악의 흐름에 따라 춤의 성격, 춤사위의 흐름이 다양한 모습으로 표출되었고, 철저한 우리 색으로 춤과 음악이 조화를 이루었다. 사당패의 연주에서 타악기를 중심으로 한 굿거리, 자진모리, 휘모리 등, 태평소의 '능개' '시나위'는 신명의 무대를 만들었다. 특히 박병천, 안숙선의 가냘픈 창과 구음(口音)은 더욱 더 우리의 소리이기에 무용수는 물론 관객에게 심금을 울리는 요인이 되었다."[20]

송범은 이 작품의 반응에 대해 언급했다.

"막이 내린 후 관중들의 <도미부인>에 대한 열렬한 기립 박수 소리는 지금도 귓전에 들려오는 것만 같다. 국내 공연도 마찬가지였지만 특히 해외공연을 통해 <도미부인>이 공연되었을 때, 그 추억을 더듬어 본다면, 언어가 통하지 않고 풍속과 서로 문화생활이 다른 관객들이 눈시울을 적시며 관람할 때, 나 자신은 더 목메었던 일들이다.",[21] "나의 무대생활 50년을 총결산한다고 할 때 무용극 <도미부인>은 나의 무용세계의 꿈을 실현시켜 준 작품이다. 다른 작품들도 아끼고 사랑하는 작품들이지만 <도미부인>만큼은 애착을 갖고 있으며, 자신 있게 내놓을 수 있는 작품으로서 내 인생과 예술의 시작되는 기점을 안겨 준 것이며, 나의 무용생활에 있어서 <도미부인> 작품 하나만으로도 나의 인생에 있어서 가장 큰 보람을 느끼게 하고, 무용예술의 금자탑을 세운 것에 대한 자부심을 갖는 것이다."[22]

미국의 무용평론가 루이스 시갈은 <도미부인>을 높이 평가했다. "무용수들의 기량은 매우 뛰어났고, 다양성, 개성, 매력, 질서 정연함을 모두 갖춘 작품이다. 한국적인 민속발레 형식과 연극성이 강한 민속무용이 조화를 이루었다. 지나치게 화려한 장면, 끝부분의 부부 재결합과 도미의 죽음이 다소 감상적임에도 불구하고, 격동하는 역사 속에서 공연예술의 적극적인 발전을 모색하는 용감한 도전이 엿보였다."고 지적했다.[23]

한편, 김태원은 이 작품에 대해 '작품의 전반부가 너무 단일한 톤(정조) 아래 설명적이었다는 점은 보완되어야 할 것이다. 도미의 아내를 둘러싸고 그녀를 탐하는 왕과 도미와의 갈등이 충분히 묘사되지 않았다. 오히려 아내를 빼앗긴 도미의 마음을 빌어 한국인들 삶의 생사관과 어떤 원형적 심성을 묘사해낸, 즉 극적 줄거리 '주변부의 장면들'(사당패춤, 강강술래, 씻김굿을 빈 망자 저승보내기 장면 등)이 더욱 빛을 발했다'고 비평했다.[24]

김채현은 이 작품에 대해 다음과 같이 평가했다. "소재 선택에서 대중적 보편성을 띤 점이 무용극에 적합했고, 아울러 <강강술래> <처용무> <농악>과 같은 군무를 배치한 것은 작품의 줄기를 살찌우게 했다. 국수호와 양성옥의 독무 및 2인무를 적절히 구사하면서 스펙터클한 효과를 고조시키는 형식을 취했다. 나릇한 모습의 국수호가 때로는 여리게 때로는 구비치는 듯하고, 상대역 양성옥의 좀 질긴 느낌들로 이를 받치는 춤들은 이중주(二重奏)처럼 오히려 도미와 도미부인이 감당해야 할 운명을 시사했다. 그리고 두 주역 가운데 도미를 사당패의 꼭두쇠로, 도미부인을 설장고로 설정한 것은 스토리 전개보다는 춤성(性)의 그런 요청에 부응했다." 듀엣의 효과를 지적하면서 김채현은 덧붙였다. 그는 "우리 무용극에서 춤과 마임의 경계선이 애매한 것은 전반적인 문제이다. 이 작품에서도 마임이 극의 일부분을 모호하게 만들었고, 때로는 극의 묘미를 떨어뜨리는 듯했다. 서양 고전발레를 전제로 하지 않더라도, 우리 무용극의 완성도를 높이기 위해 춤화(化)된 마임의 개발은 매우 중요하다. 과거의 소품 무용극에 대하여, 송범이 주도한 국립무용단은 대형 무용극의 산지(産地)로 분명히 발전했고, <도미부인>이 우리 무용극의 지평선을 넓혔다는 점에서 송범의 위치가 확인된다."고 호평했다.[25]

## 4) 고전 명작의 현대화

송범은 전설만이 아니라 고전 명작을 무용극으로 만드는 데도 노력했다. 판소리 <춘향가>를 원전으로 한 <춘향전>(1977), 박지원(朴趾源, 1737-1805)의 <양반전>을 원전으로 한 <허생전>(일명 푸른 천지, 1980), 이광수(李光洙, 1892-1950)의 소설 <꿈>(1947)을 원전으로 한 <꿈, 꿈, 꿈>(1979)의 안무 등이 그것이다.

<춘향전>(1977)은 김지일 대본, 이진순 연출, 송범 안무, 김희조 음악, 장종선 미술, 조성인 장치, 이우영 조명, 최성학 의상, 박석봉 음향, 최효성 분장, 이상익 소품으로 제작되었다. 배역은 춘향에 홍금산 · 백영순, 도령에 국수호, 변학도에 박정목, 향단에 이문옥 · 김향금, 방자에 강이섭, 월매에 이화숙, 망난이에 강만희, 군무로 사령, 역졸, 기생, 마을 사람 등이 출연했다.

작품은 제1장 만남, 제2장 사랑, 제3장 이별, 제4장 시련, 제5장 사필귀정 등으로 구성되었다. 송범은 안무를 하면서 "무용극

은 신조어(新造語)에 비유할 수 있는데, 신조어는 전통 양식을 자양분(滋養分)으로 하지 않으면 생명력을 잃는다. 한낱 호사적(豪奢的) 동작으로 끝나는 신조어를 해서는 안 된다."고 강조했다.26)

안제승은 이 작품에 대해 안정감 있고, 무용수들의 기량이 고르며, 그윽한 정취가 마음을 사로잡는다고 했다. 안무자 송범의 인간미와 체취(體臭)가 무대 구석구석에 침몰, 침투해 들어가 있다고도 했다.27)

<푸른 천지>(일명 허생전, 1980)는 허생(許生)이라는 선비를 통해 미래의 꿈을 그린 것으로서, 제목에 어울리는 주제를 담고 있다. 전진호 대본, 송범 안무, 박범훈 음악, 김동진 미술, 송기준 조명, 조성인 장치, 여운덕 작화, 이경하 의상 및 소품 도안, 이용주 분장으로 제작되었다.

배역은 허생에 국수호, 허생부인에 김향금·양성옥, 분이에 홍금산·이미미, 천녀에 이문옥·장윤봉, 장돌이에 손병우, 변부자에 박정목, 안성최씨에 강이섭, 산적괴수에 장용일, 산적정부에 이화숙·이지영, 최씨부인에 최영숙, 말총장수에 최희선, 변씨부인에 이숙향 등이 출연했다. 군무로는 선녀, 동리의 부인, 과일장수, 엿장수, 비단장수, 보부상인, 시장의 아낙네, 해녀, 서울의 양반, 산적 등이 연행되었다.

작품은 제1경 허생의 집, 제2경은 운종가, 제3경은 안성 과일상 최씨의 집, 제4경은 제주도 해변가, 제5경 도적 소굴, 제6경 변산 바닷가로 구성되었다. 이 작품을 안무하면서 송범은 "보고 즐기는 시각적인 무용에 그칠 것이 아니라 보고 생각하는 무용이 되도록 노력했다. 무대를 보고 있을 때 무용수의 움직임이 보여야지, 음악이 먼저 들리면 무용수는 생명을 빼앗기는 일이 된다."는 당부의 말을 남겼다.[28)]

<꿈, 꿈, 꿈>(1979)은 『삼국유사』의 조신(調信) 설화를 소재로 한 이광수의 소설 『꿈』을 원작으로 했다. 양양 낙산사의 조신 스님이 재(齋)를 지내러 온 태수의 딸을 사모하던 나머지 꿈속에서 그녀와 부부가 되는 이야기다. 그들은 연정에 빠져 산속으로 도망해 일생을 보냈다는, 파란만장(波瀾萬丈)한 생애를 그렸다. 인생의 고해에서 몸부림 칠 때, 스님은 문득 꿈에서 깨어나 인생 일장춘몽의 무상(無相)을 깨닫게 된다.

김지일 대본, 송범 안무, 하주성 음악, 최연호 미술, 이경하 소품 디자인, 이상익 소품제작, 송기준 조명, 공성원 음향, 박희준 의상, 최효성 분장으로 제작되었다. 배역은 조신에 정재만·국수호, 모례(무술을 익힌 도령)에 국수호·정재만, 달래(모례의 약혼녀)에 홍금산·이문옥, 용선화상에 박정목, 환상의 여인에 박순자, 관음보살에 양성옥·장윤봉, 달래부친에 강이섭, 달래모친에 최희선, 모례부친에 석주엽, 모례모친에 한순옥, 나비와 학에 석주엽 등이 출연했다. 군무로는 선녀, 무사, 봄의 정, 눈의 정, 사념의 정, 승무, 벽화상, 망난이 등이 연행되었다.

작품은 무곡1 약혼 예불(禮佛), 무곡2 어떤 연정, 무곡3 상사(想思), 무곡4 심야의 종, 무곡5 수도의 시련, 무곡6 꿈의 시작, 무곡7 선경(仙境), 무곡8 사랑, 무곡9 전언, 무곡10 도주(범 산길), 무곡11 도주(겨울 산길), 무곡12 행복, 무곡13 파탄, 무곡14 옥중몽, 무곡15 처형, 무곡16 꿈에서 깨어남, 무곡17 해탈의 법열로 구성되었다.

송범은 이 작품에 대해 "현대무용, 발레, 인도춤 등 지난 20년 방황의 경험이 작품의 색채가 되고 활력소 구실이 되어 주었다. 따라서 이 작품에서는 현대무용과 발레의 감각을 많이 사용했다. 전통춤 사위만으로 표현의 한계를 느꼈고, 우리 춤의 본질적인 요소를 손상시키지 않으면서 표현의 보편성을 추구하려고 했다."고 말했다.29)

이 작품에 대해 안제승은 무용극으로서는 '극적 조형에 실패했다'고 하면서 그 장단점을 지적했다. 이 작품이 보인 주옥같은 아리아 무용은 약혼 예불, 선경(仙境), 옥중몽(獄中夢), 망나니의 춤(처형 장면), 해탈의 법열(法悅) 장면 등으로서, 송범 무용의 훌륭한 축도(縮圖)라고 예찬했다. 그러나 주인공 조신 스님이 달래를 연모해 빠져들어 가는 계기 설정에서부터 조신이 용선화상의 도술에 빠지는 상황 설정, 선경 장면에서 파탄 장면까지의 시간 경과, 도주 경로, 행화 기복(幸禍起伏) 등에 순리적인 극적 조형을 이루어내지 못했다는 것이다.30)

### 5) 사랑과 정욕의 혼동 속에서

<마음속에 이는 바람>(1978)은 한국발레를 추구하던 1965년에 창작한 <멍든 산화(山花)>의 이야기를 무용극으로 재구성하고, 한국무용으로 재안무한 작품이다. 시골 총각과 처녀가 사랑과 정욕의 혼동(混同) 속에서 겪는 육체적 정신적 갈등을 그렸다. 총각은 서울 양반을 따라 내려온 기녀에게 순간적으로 현혹

되어 처녀와의 약속을 저버린다. 한편, 처녀는 양반의 유혹에 순간적으로 넘어가 정조를 잃게 되고, 두 연인은 양반 일행이 서울로 떠난 뒤에 그대로 시골에 남아 참담한 아픔과 허무를 체험한다.

김지일 대본, 송범 안무, 김희조 음악, 김동진 미술, 김선봉 탈춤지도, 이우영 조명, 조성인 장치, 김동환 의상디자인, 박희준 의상, 공성원 음향, 이상익 소품, 이용주 분장으로 제작되었다. 국립교향악단이 연주를 맡았다. 배역은 총각(돌이)에 박정목 · 석주엽, 처녀(분이)에 홍금산 · 이문옥, 양반에 국수호 · 강이섭, 기생에 박순자 · 이화숙, 소리광대에 최희선, 기생살풀이에 김향금, 학에 석주엽, 선녀에 장윤봉, 노장에 이정석, 취발이에 장용일, 소모에 최영숙 등이 출연했다. 군무로는 마을 처녀, 마을 총각, 가마꾼, 기생, 선녀, 먹중, 바람의 정 등이 연행되었다.

작품은 제1장 마을 우물가, 제2장 마을 어귀, 제3장 마을 마당, 제4장 마을 우물가, 제5장 마을 어귀로 구성되었다. 음악을 작곡한 김희조는 "극적 전개나 동기 설정을 위해 서구 표현기법에 대응할 우리 음악이 정립되지 못했음을 지적하고, 이런 이유로 서구 악기를 동원할 수밖에 없었다."는 입장을 밝혔다. 안무자 송범은 "전통과의 단절이 아니라 어떤 제약도 받지 않고 창작에 전념했지만, 한국 춤의 정신적 전통을 살리고자 했다."는 취지를 말했다.[31)]

안제승은 이 작품에 대해 '잘못된 신인의 기용, 진부한 극 내용에 따른 레퍼토리 선정의 커다란 오점'으로 인해 실패한 작품이라고 비판했다. 즉, 청순한 분이가 단순히 호기심에 끌려 양반에게 몸을 맡기고, 그 반동이라는 것이 기생의 욕정에 말려드는 돌이의 탈선이라면, 그 뒤에 찾아드는 오회(悟悔)는 참다운 의미의 오회일 수 없다는 것이다. 이런 식의 불장난이 과연 어떤 삶의 뜻을 갖는지, 재고되어야 한다고 했다.32)

### 6) 대자연 속의 작은 인간

<썰물>(1982)은 바닷가에 사는 노부부의 한과 고독, 삶에 대한 관조를 그렸다. 아직 젊은 부부였던 시절에 겪은 딸과 딸의 약혼자였던 청년에 대한 기대와 그들의 죽음으로 인한 비극은 노부부가 된 뒤에도 기억 속에 생생하게 살아있다. 노부부는 인생이 대자연 속의 작은 존재에 불과한 것을 달관(達觀)하며 함께 먼 바다를 응시한다.

국수호 대본, 송범 안무, 박범훈 작곡, 김동진 미술, 이우영 조명, 공성원 음향, 이경하 소품 디자인, 이용주 분장으로 제작되었다. 배역은 노어부에 장용일, 노부인에 김문숙 · 이숙향, 환상의 노어부에 국수호, 환상의 노부인에 이문옥 · 김향금, 장자 수동에 정상노 · 손병우, 수동 아내에 최영숙 · 양성옥, 딸 옥이에 홍금산 · 이홍이, 옥이 약혼자에 조홍동 · 박정목, 무당에 이화숙 · 이지영, '물의 정'에 이미미 · 김경미 등이 출연했다. 군무로는 어부, 무당, 아낙네, 해녀, 물의 정 등이 연행되었다.

작품은 제1장 노을 진 바닷가, 제2장 바닷가 노어부의 집, 제3장 선착장, 제4장 어촌 풍경, 제5장 선착장, 제6장 뱃전, 제7장 바닷가, 제8장 사막이 내려진 무대, 제9장 동리 신당 앞, 제10

장 노어부의 집으로 구성되었다. 안무자 송범은 이 작품에 대해 "좋은 소재, 좋은 음악, 좋은 무용수들이 갖추어져 행복을 느낀다. 국립무용단원들은 높은 자질을 지니고 있어 믿음직스럽다."고 말했다.[33)]

김경옥은 이 작품에 대해 다음과 같이 비평했다. "군무의 처리가 훌륭했다. 과거에도 여러 번 군무의 처리가 있었지만 고식적이었던 비해 이번 만선제 다래기굿에서 군무가 질서화되어 예술적으로 처리되었다. 이 군무는 바다 속 폭풍 장면에서 압권을 이루었다. 엄숙한 비장미를 느끼게 했다. 솔로나 듀엣에서는 무용수 개인의 테크닉이 중요하게 작용하는 데 비해, 이번 군무에서는 안무자 송범의 창조적인 역할이 돋보였다. 무대 메커니즘을 최대한 활용한 점도 혁신적인 공로였다."[34)]

<황혼의 노래>(1995)는 <썰물>(1982)에서 대본을 맡았던 국수호가 재안무를 맡고, 안무자였던 송범이 연출을 맡았다. 애초 제작할 때부터 국수호가 도쿄에서 유학중인 박범훈을 찾아가 음악을 상의했던 것으로 미루어, 송범이 국수호를 위해 안무에 신경을 많이 쏟은 것으로 여겨진다. 평소 제자들에 대한 송범의 깊은 배려를 엿보게 하는 하나의 사례이다.

국수호 대본 · 안무, 손병우 · 양성옥 조안무, 송범 연출, 박범훈 작곡, 미스터리 의상디자인, 김인철 조명, 오진수 음향, 이상익 소품, 김진현 소품디자인, 송점수 장치, 여운덕 작화, 김경수 의상, 편덕용 장신구, 범기창 영상 등으로 제작되었다. 배역은 노어부에 장용일, 노부인에 김문숙 · 이지영, 환상의 노어부에 손병우, 환상의 노부인에 이문옥 · 김향금, 딸 옥이에 최정임 ·

이미미, 옥이 약혼자에 차효영 · 윤상진, 무당에 박근식 · 배성환 등이 출연했다.35)

<황혼의 노래>는 국립무용단 단장을 퇴임한 뒤에 만든 작품이다. 자신이 안무한 작품이어서 송범이 그대로 안무해도 크게 문제될 것은 없었다. 또한 그 자신이 안무함으로써 참신해질 여지도 분명 있었다. 그럼에도 불구하고, 그는 국수호에게 재안무를 맡겼다. 국립무용단의 발전을 위한 그의 배려였다. 그는 언제나 자신의 위치, 역할, 그리고 진퇴(進退)를 분명히 하는 태도를 보여 주었다.

### 7) 무용음악과 박범훈

송범의 현대무용은 기존의 음악적 이미지와 함께 창작, 안무되어 왔음을 앞서 밝혔다. 기존의 음악이라고 하지만 그가 자기의 정서와 마음속의 의도를 표현하기 위해 음악을 선별한 것이지, 음악에 무용을 올려놓는, 안이한 방법을 그는 경계했다. 앞서 기술한 대로, 그는 자기 창작을 위해 필요하다면 어떤 음악이든, 서양이든 동양이든 우리 가락이든 꺼리지 않았다. 그가 무용음악 작곡자를 절실히 찾고 있을 때, 발견한 인재가 박범훈이었다.

박범훈을 알게 된 것은 한영숙 선생을 통해 1960년대 초에 이루어졌다. 그는 국악예술학교(현재는 국립으로 운영)의 학생이었고, 한 선생의 제자였다. 당시 학교에서는 1년에 1회씩 발표회를 했는데, 한영숙은 자신의 발표할 작품에 송범의 도움을 요청했다. 송범은 12분짜리 무용을 안무해 주었다. 그 기회에 송범은 무용음악을 작곡할 인재를 소개해 달라고 부탁했다. 의외에도 아직 재학생인 박범훈을 소개해 주었다. 놀랍게도 어린 그의 그 음악을 들어보니, 소박한 정감이며 때론 흥겨운, 즉 쉽게 와 닿는 그 무엇이 있었다.[36)]

박범훈과의 만남을 이렇게 회고했다. "어떤 안무가든 음악 때문에 속 깊은 가슴앓이를 할 것이다. 특히 한국무용은 더할 것이다. 나는 20년을 줄곧 박범훈 교수의 창작국악을 썼다. 이것에 대해 많은 이들은 여타 부타의 말들을 많이 하지만, 나는 참 감사하게 생각한다. 만일 박 교수가 없었더라면 과연 내가 20년 동안 국립무용단 안무자로 활동할 수 있었을까 싶다. 그를 만난 이후로는 줄곧 국립무용단의 음악을 그이에게 맡겼다. 국악은 우리의 음악임에도 불구하고 양악으로부터 심하게 홀대 받다가 근래에 이르러 독립하고 있다. 어떻게 보면 우리의 무용보다 짧은 독립의 역사를 갖고 있다고도 할 수 있다."[37)]

송범은 안무와 음악의 관계를 이렇게 설명했다. "전통춤의 흥겹고 아름다운 형태를 최대한 보존하면서 극적인 표현을 살려 나가는 데 치중했다. 한국 무용극 개발의 큰 과제는 음악과 무용은 두 요소가 아니라 실제로 하나라는 점을 살리는 일이다. 또한 해외 공연을 염두에 두고, 음악이나 안무에서 한국적인 색채를 원형 그대로 살리는 것이다. 풍부한 유산을 현대적으로 재구성해 창조하는 것이 나의 커다란 의무이다."[38)] 또, "춤추는 무용수들에게 간곡히 당부하고 싶다. 관객이 춤추는 무대를 보고 있을 때, 무용수의 움직임이 보여야 하지, 음악이 먼저 들리면 그 무용수는 생명을 음악에 빼앗기고 만 셈이다. 자기 생명을 얻는 춤을 추어야 한다."[39] 한편, 구술을 통한 그의 말에 따르면, "(나는 언제나 음악에 심취해 살았다. 음악은 무용의 원천이라 해도 과언이 아니었다. 숱한 작품을 창작하다 보니, 서양음악 한국음악 가릴 것 없이 친숙했다.) 무슨 음악이 나와도 겁나지 않는다. 음악을 한두 번 들으면, 저절로 춤이 나온다."[40]

송범은 자신의 안무의 과정을 이렇게 설명했다. "나는 대본이 나오면, 그 작품의 분위기를 따라, 여러 음악에서 적당히 발췌, 편집을 해서, 먼저 안무부터 시작한다. (이른바 가(假)편집된 무용음악인 셈이다. 이 편집곡을 작곡자에게도 들려준다.) 박범훈 교수와 오래 작업을 하다 보니, 그는 내 마음을 잘 알기 때문에, 작품의 분위기에 맞는 곡을 완성해서 나에게 제공해 준다. 이 방법을 여러 번 시도해 보았고, 또 효력을 보았다."[41]

한편, 박범훈은 송범과의 관계를 이렇게 회고한다. "1969년에 세종문화회관에서 공연된 한영숙 선생의 안무 <꽃과 잎>부터 무용음악을 시작했다. 선생은 나를 무용가 송범 선생에게 소개해 주었다. 무용극 <사의 승무>를 작곡했다. 이것이 송범의 무용음악의 출발점이었다. 서양 악기와 국악기가 함께 연주되고 합창까지 곁들여진 이 곡은 새로운 무용극 음악으로 호평을 받았다."[42] 한편, 송범의 작곡료에 대한 주위사람들의 언급도 주목할 만하다. "송범 선생은 연주비를 비롯해 녹음비 등, 음악제작에 필요한 경비를 아끼지 않는다. 극장에서 지급하는 경비가 부족하면 본인의 사비라도 들여서 대접을 한다. 그리고 음악에 대해서도 까다롭지 않다. 춤추는 데 크게 지장만 없으면 그대로 넘어간다. 이러한 이유로 작곡자나 연주자들은 송범 선생의 음악이라면 참여하기를 원한다."[43]

## 8) 한국 무용극과 송범

송범은 어린 시절에 연극에 빠져들었던 경험이 무용극을 하는 데 큰 도움이 되었다고 회고한다.[44] 그는 국립극장에서 무용극을 하는 목적을 이렇게 밝혔다. "무용극을 시도한 것은 보다 많은 사람들로 하여금 무용을 즐기게 하려는 뜻이었다. 전통적인 춤의 형식만으로는 관객들에게 지리함이나 따분함을 갖게 했지, 흥미를 줄 수 없다는 사실을 깨닫고 스토리를 넣은 무용극을 만든 것이다."[45]

그렇지만, 그는 무용극의 창작 과정에서 부딪친 어려움을 자주 고백했다.

"우리의 민속춤 사위는 그 수나 종류가 얼마 안 되고, 특히 뛰는 기교나 템포와 연결되는 기능이 약하기 때문에 대형 무대에 맞는 큰 작품을 만들기가 힘들었다. 발레는 처음부터 극장무대를 위해 만들어낸 무용으로, 오랜 경험과 연구의 결과로 음악과 장치가 무용극이 될 수 있는 조건을 갖추었다. 우리는 이런 것을 마련하지 못한 채, 큰 극장무대에서 '여기에 맞는 우리 춤을 만들어라' 하는 식이었으므로, 발레와 견줄 수 있는 무용극을 만든다는 것은 너무 힘든 일이었다. 나는 우선 건강한 움직임과 템포로 큰 무대를 채우고 아름다운 변화를 가지게 하는 무대를 생각했다."[46] 한편, "사실 무용극은 사랑이 없고, 죽음이 없으면 만들기 어렵다. 사건만 나열할 수 없는 까닭이다. 강한 극성(劇性)을 나타내는 춤이 듀엣이다. 듀엣을 통해 나의 무용극이 이루어졌고, 무용극을 통해 나의 듀엣이 발전했다고 생각한다. 우리도 이제 해외로 나가 각종 페스티벌에 참가하는 등 많이 자유로워졌지만, 그러나 실질적으로 한국문화에 대한 인상을 주기 위해서는 우리의 듀엣이 발전해야 한다"[47]면서 듀엣의 중요성을 강조하기도 했다. 또한, "발레 <사랑은 마술사>를 아주 감명 깊게 보고 우리 무용도 저렇게 해봤으면 하는 것이 소원이었다. 우리 춤은 외국의 포크 댄스와는 다르다. 탈춤이나 농악 같은 춤은 마음속에서 우러나는 춤이었다. 이런 춤을 보여주는 춤과 잘 연결하면 뭐가 되겠다고 생각했다. 옛날에 선배들도 무용극을 하기는 했다. 그러니 내가 무용극을 처음 시작했다고는 보기 어려울지 모른다. 하지만 나는 무용극으로 나가야겠다고 마음먹고 시작했다."[48]고도 말했다.

송범의 곁에서 작곡을 하면서 무용극을 창작하는 과정을 지켜본 박범훈은 춤사위에 대해 관찰한 내용을 술회했다. "전래적으로 전통 춤사위는 감추고 움츠리고 도사리는 데 매력이 있다고 보았다. 서구 여성에 비해 짧고 구부러진 보잘 것 없는 다리를 치마로 가리기 위한 조선인들의 지혜인지는 모르겠으나 치마 끝에 살짝 보이는 버선코의 아름다움을 추구했던 한국의 전통춤, 그 춤사위를 드러나게 하고, 움츠린 춤가락을 펴게 하고, 도사린 춤가락을 열게 만든 것이다. 이렇듯 송범 선생의 새로운 춤사위는 전통춤에 혁명을 가져다주었으며, 그 춤사위들은 새로운 송범 류의 무용극을 탄생시켰다."[49]

무용극 <도미부인>은 미국 3회, 유럽 2회, 중동지역 1회, 아프리카 1회, 동남아 1회, 공산진영을 제외한 모든 지역에서 공연됐으며, 국내외 공연을 통산하여 200여 회에 걸친 공연기록을 남겼다.

송범은 <도미부인>에 대해 이렇게 회고했다. "<백조의 호수> <지젤> <호두까기 인형> 등 발레 작품들이 고전발레의 고정 레퍼토리가 된 것처럼 <도미부인>이 한국의 고전작품으로 남아 고정 레퍼토리화 되는 것을 기대해 본다. 비록 지금의 작품이 세계적 무용극의 수준에 미치지 못한다고 여겨질지라도 장차 후배들이 더욱 뛰어난 기량과 자기의 철학, 자신의 해석을 참가하여 길이 이어 나가주기를 바라는 마음 간절하다. 서구의 발레 무용이 무용극적 스펙터클과 기교를 후대에 계속 첨가하고 스토리도 변화를 주어 100여 년 이상을 사랑받는 발레극의 진수로 발전시켜 온 것처럼 말이다."[50] 또한, "세계무대에서 손색이 없었던 우리의 무용극 <도미부인>은 모방이 아닌 재창조, 재해석의 차원에서 길이 남겨지기 바라는 마음뿐이다. 나아가서 <도미부인>보다 더욱 작품성이 뛰어난 무용극의 세계와 장르를 발전시키고 구축시켜 나갔으면 하는 것"[51]이 바람이라고 쓴 바 있다.

알려진 대로 송범은 일생 동안 무용비평에 시달려 왔다. 그러나 그는 '이유 있는 비평'에 대해 '이유 있는 창작'으로 극복하고자 했다.

"예술 반생애에서 오늘날 나의 기반(基盤)에 이른 것은, 역설적인 이야기이지만, 평론에서 욕을 많이 먹었기 때문이다. 내가 피나는 고생을 해서 만든 작품이 가혹하게 비평을 당할 때, 실의(失意)는 말할 수 없이 심각했다. 그러나 '구더기가 무서워 장 못 담그랴' 하는 오기와 정열로 수차 되풀이 연습했다. '반드시 칭찬을 반고 말리라' 하는 의지가 내 작업의 원동력이 되었다."[52]

아울러 송범이 언급했던 예술에 대한 감동 또한 주목할 만하다.

"한국무용을 하는 사람도 예술가이다. 감동이 없는 것은 예술이 아니다. 우리 무용은 감동이 있어야 한다. 감동이 있는 작품을 만드는 것이 가장 좋은 일이 아닐까 생각한다. 손짓보다 역시 마음에서 우러나오는 데 뭐가 있는 것이 아니겠는가? 우리 춤의 좋은 점은 기쁜 마음, 좋은 마음으로 하면 된다는 것이다. 억지로 짜지 말라. 영감이 풀리는 대로 풀어야 한다."[53]

문애령은 한국무용과 무용극에 대한 견해를 다음과 같이 밝혔다.

"한국무용은 민속춤의 무대화 작업을 대물림했고 성공했다. 세계 어느 나라에서도 민속춤의 기교를 바탕으로 한 세련된 무용극을 만들지는 못했다. 프랑스 리옹 비엔날레에서 만났던 인도 평론가도 같은 말을 했다. 민속춤을 무대 예술작품으로 끌어올린 유일한 나라가 한국이라는 말을 듣고, 한국 무용가들의 노력을 다시 생각하게 되었다."[54] 이러한 지적은 바로 송범의 한국무용과 무용극에 적용되는 발언으로 여겨진다.

# 8. 인생의 종막

셰익스피어는 연극을 거울, 인생을 무대 위의 배우에 비유했다. 이런 비유는 무용가 송범의 일생에 근사하게 들어맞는다. 송범의 인생은 무용이 전부였고, 그의 일상생활은 마치 무용수가 열심히 춤을 추듯이, 현실 가운데서 온몸으로 춤을 발견하는데 치중했다. 아울러 그가 춤을 창조하는데 빼놓을 수 없는 사람은 형님이었다.

화가 송정훈은 1982년에 67세의 나이에 불행하게 작고했다. 송범에게 형님이자 아버지와 같았던 사람이다. 송범의 무용 생활, 작품 활동은 이 형님의 뒷바라지가 없었다면, 거의 불가능했다. 송범의 증언을 참고하면, 송정훈은 1940년대 전반기에 중국 상해에서 광고업을 하면서 출판에 관한 기업경영의 경륜을 쌓게 되었다. 화가로서 디자인 실력이 있던 것은 물론, 자영업자로 인쇄 기술까지 겸비하고 있었다.

광복과 더불어 귀국해 서울에서 월간지 『국제보도』를 내어 주목을 받고 있었다는 내용은 이미 서술했다. 또한 송범은 형님의 회사에서 사무를 도와주는 한편, 그 사무실을 응접실처럼 사용하며 무용가들을 비롯해 숱한 사람들을 만나고는 했다. 송범이 미술, 디자인, 색채, 선, 이미지 같은 데 일찍 눈을 뜨게 된 것은 이렇게 화가인 형님의 덕이고, 아울러 월간지 제작에 직접 경험을 쌓았기 때문이다. 그리고 이러한 경험이 송범의 무용 창작에 적지 않은 자양분이 되었음은 두 말할 필요가 없을 것이다.

송정훈은 일본에서 미술을 수학했기에 일본 사정에 밝았다. 미군정 때 정부에서 발주하는 인쇄물, 『코리아 빅토리아』를 일본에서 제작해 온 일이 있었다. 당시 정부의 담당자는 일본에 적대감을 품은 사람이었다. '왜 우리 물건을 일본에서 인쇄했느냐'고 호통을 치며 몹시 불쾌해했다. 송정훈은 우리에게 이런 인쇄기가 아직 없어 불가피했다고 답했다. 이 사건이 정부에서 융자금을 받게 된 동기였다.

인쇄기 대금 11만 몇 천 불을 융자해 주어 새 기계를 구입했다. 송정훈의 오랜 꿈이 실현된 것이다. 그러나 그 인쇄기를 설치할 공장이 없었다. 다시 20만 불이 있어야 시설을 마련할 수 있었다. 당시 어디서도, 누구에게도 자금을 구할 수 없었다. 형님이 백방으로 뛰어다니는 동안 기계는 인천의 보세창고에서 녹슬고 있었다. 하루하루 늦어지고 이자가 불어나는 바람에 형님은 그만 충격을 받아 뇌출혈을 일으켜 쓰러지고 말았다.

어쩔 수 없이 집이며 모든 것을 다 팔아 잠실에 13평짜리 아파트 하나를 얻었다. 안방에는 식물인간이 된 송정훈이 누워 있고, 건넌방에서는 둘째 조카가 대학입시를 준비하고 있었다. 그 조카가 경기고등학교를 거쳐 서울대학교 의과대학에서 박사를 취득한 인재다. 뒷날 송범은 제자 국수호가 병이 났을 때 그 조카로 하여금 치료케 해 준 일도 있었다. 형님의 이러한 불행과 수난, 그리고 죽음은 송범에게 두고두고 마음의 상처이자 한이 되었다. 송범이 국립무용단에서 한참 분주하게 작품을 만들고 있을 때, 일어난 비극이었다.[1)]

1980년 3월, 국립무용단 정기공연인 <푸른 천지>를 할 때의 이야기다. "아침에 좀 골치가 아프면 진통제를 먹고 하루의 일과를 진행했다. 이렇게 3, 4년 계속 했더니 병이 돼버렸다. 어느 날 아침에 일어나려는 데 일어날 수가 없었다. 반신이 마비된 것이다. 손을 올리려고 해도 올라가지 않았다. 큰일 났구나 하는 생각이 들었다. 마침 군대에 있는 아들 윤상이 다리를 삐었다고 해서 침을 맞으러 와 집에 머물고 있었는데, 그 효과가 괜찮았다는 말을 들었다. 나도 양의(洋醫)보다는 한의에게 침을 맞기로 했다. 이것은 잘한 판단이었다. 3일 동안 침을 맞았더니 좀 걸을 수 있을 정도로 차도가 있었다."[2)]

작품의 녹음이 일주일 앞으로 다가왔다. 의사는 절대 안정이 필요하다고 했지만 송범은 그 몸으로 부축을 받고 절뚝거리며 음악실로 가서 음악을 들었다.

"그때 나는 '죽더라도 이것이나 마치고 죽자'는, 마치 영웅이나 된 그런 비장한 각오였다. 아무리 생각해도 더 오래 살 것 같지 않았다. 죽기 전에 해치워야 한다고 생각했다. 그래서 연습장 옆에 난로를 놓고 안무를 감행했다. 1시간 45분짜리를 열흘 만에 끝내 버렸다. 결사적이었다. 이것이 나의 생애 마지막 일이라고 생각하면서 조바심으로 해냈던 것이다. 다행히 병은 그 후 석 달 만에 나았다."[3]

송범은 언제나 아침 5시에 일어나 음악을 듣고, 그날 대학교나 국립무용단에 가서 할 일을 모두 준비했다. 무용연구소를 운영할 때는 오후 6시에 그곳으로 갔다. 시간관념이 철저했다. 웬만해서는 결강하거나 쉬어본 일이 없었다. 학생들이나 단원들한테 '나는 천재도 아니고 예술에 뛰어난 것도 없다. 그저 나에게 배울 것이 있다면 무용에 대한 정열과 시간을 잘 지키는 것뿐'이라고 늘상 말했다.[4]

나이 61세를 넘기며 그는 자신의 심경을 토로했다. "내 나이 60세가 지나면서 손자, 손녀와 함께 이웃집 할아버지로서 예술에 대한 집념을 버리고 인간으로서 삶을 누리며 살겠노라 굳게 마음먹었다. 육십이 넘고 보니 예술에 대한 정열의 불꽃, 그리고 못다 한 예술 세계를 이룩해 보자 하는 욕망과 집념이 사라지기는커녕 더욱 더 용솟음치며 타오르는 이유는 무엇일까? 반복되는 세계, 추구하는 세계, 영혼의 세계, 무한대의 세계에 생명을 불어넣는 세계, 그 세계가 나를 다시 끌어들여 한없이 같이 가고자 하는 데서 일까? 그 길은 멀고 또한 가시밭길, 그 길만이 내가 걸어야 할 길이요, 나와 같이 해야 할 길, 예술의 길인 것이다."[5] 이렇게 그는 집념의 끈을 놓지 못함을 고백했다.

"머리에 흰 머리카락이 하나 둘 늘어가는 이 시간이 아쉽지만 저녁노을에 불타는 황혼은 나의 힘이요 생명인 것이다. 그래서 오늘도 내가 추구하며 살아 온 예술세계의 나래를 펼쳐 못다 이룬 작품 세계를 생각하며 내 마음에 용솟음치는 무용의 정열과 집념이 불타고 있는 한, 끝없는 길을 질주하며 살아 갈 것이다. 곧 그것만이 나의 뜻이요 갈 길인 것이다."[6)]

아들 윤상은 아들과 딸을 낳았고, 딸 윤호는 딸만 둘을 낳았다. 송범에게 손자와 손녀는 모두 넷이다. 아들과 딸은 공부를 마치고 성장한 후에 모두 캐나다로 이주했다. 부인도 아이들을 따라 그곳으로 갔다. 송범은 서울에서 10여 년간이나 거의 혼자 지내며 일을 했다. 아내와 자식을 모두 떠나보낸 그에게 고독감은 언제나 그의 곁을 감돌고 있었다.

시기에는 차이가 있지만, 그는 맹장, 심장, 전립선, 디스크 등 수술을 여러 차례 했다. 젊은 시절에는 영화를 무척 좋아했는데, 시력이 떨어져 극장에 가는 것도 피하게 되었다. 독서도 어렵게 되자 집에서 TV영화를 즐겼다. 그러나 작품을 만들고 지도하는 일과를 차질 없이 진행했고, 의지로 초연히 극복해 나갔다.[7)] 송범은 술을 좋아했지만 술자리에서조차 절제를 강조했다. 서민적이고 소탈하며 부지런한 예술가의 표상이었다. 2차 술자리는 절대 가지 않고, 다음날 일과를 대비했다.[8)]

송범에게 1992년은 매우 의미 깊은 해였다. 이미 전 해에 중앙대학교 무용과에서 교수정년(65세)을 맞았고, 그가 지난 30년 동안 창작과 제자 양성에 몰두해 온 국립무용단장을 떠난 시점이었기 때문이다. 그는 1972년에 무용 교수가 되었고, 1962년 국립무용단의 창단과 함께 무용수이자 안무자로 무대무용에 젊음을 다 바쳤다. 그러니까 무용단 30년, 교수 20년을 정리해야 하는 때에 이른 것이다.

교수 시절의 송범에 대해 정병호 교수는 "중앙대 무용과에서 같이 근무하면서 처음에는 성격이 맞지 않아 트러블이 자주 생졌다. 그는 집념이 강하고, 부지런하고, 프로 근성과 자존심이 대단하다. 트러블을 갖게 된 것은 학과의 이론 과목을 맡지 않으려 했기 때문이었다. 자신은 오직 춤을 추는 무용가라 이론을 가르치는 일은 하지 않겠다는 것이었다. 이런 그의 성격을 이해하고 나서부터는 서로의 관계가 편해졌고, 친근해졌다."고 회고했다.9)

그는 조택원 선생의 지도로 1942년부터 무용의 길에 들어섰다. 무용 생활 50주년이 되는 해이기도 했다. 그동안 10주년 때마다 스스로 자신의 활동을 되돌아보며, 작품의 성과를 가늠해 보았지만 1992년이야말로 총체적인 성과를 제시할 전환점이었다. 이런 여러 가지 의미를 담아서 그는 1992년 11월 26일 국립무용단 제61회 공연을 「단장 퇴임기념공연」으로 정하고, 레퍼토리 가운데서 <도미부인>을 무대에 올렸다. 전 해인 1991년 6월 1일에는 제59회 공연으로 <그 하늘 그 북소리>를 올렸다. 안무자로서 뿐만 아니라 무용단으로서도 그간에 창작한 작품 중에서 최고의 걸작이고 최대의 레퍼토리였다. 1992년 연말, 송범이 국립무용단 예술감독(단장)을 떠날 때, 차범석은 「송범은 살아 있다」는 요지의 감동적인 글을 발표했다.

"송범이 국립무용단을 떠난다고 한다. 그러나 그는 영원히 떠날 수는 없다. 왜냐하면 그가 그동안 길러낸 수많은 춤꾼이 몇십 명, 몇 백 명이었는가를 생각해 보면, 쉽게 알 수 있다. 국수호, 양성옥, 손병우, 김향금, 이문옥, 박정목, 장용일, 이미미, 윤성주, 이지영, 최정임, 홍형경 등 국립무용단의 중추 맴버가 모두 그의 후예이자 이 나라 무용계를 이어나갈 대들보들일진대,

그 누가 송범이 국립무용단을 떠났다고 단정할 수 있단 말인가. 송범은 살아 있다. 한국의 춤이 있고 무용극이 추어지는 한 이 땅에서 송범의 이름과 영혼은 영원하리라 믿는다. 아니 그것이 곧 예술이 위대한 까닭이기를 재다짐하고 싶은 것이다."[10)]

송범은 국립무용단 시절을 감회 깊게 되돌아보았다. "국립극장 무대 위에서의 고민과 외로움은 잊을 수 없다. 더불어 그곳이 나의 정열을 불태울 수 있었던 보람과 즐거움의 장소였고, 그런 기회와 자리를 얻게 된 것은 행운이었다. 내가 했던 무용이나 무용극 같은 대작도 옛날 어릴 때 생각했던 일들이 하나씩 풀어지는 느낌이었다."[11)] 그는 국립무용단을 떠나며 창작에 대한 욕심도 토로했다. "내가 국립극장에서 만들고 싶었던 작품이 있다. 그것은 <영원한 미소>(가제)라는 (것으로서), 석가모니가 도를 닦고 죽는 데까지는 인도무용으로 하고, 한국에서는 이차돈의 이야기까지 끌고 갈, 그런 구상이다. 예술가는 죽을 때까지 할 것을 다 못한다고 하지만 나는 이것까지 하면, 일단 20대에서부터 마음먹은 것까지 다하게 되는 것이 아닌가 생각한다."[12)]

이렇게 '무대의 막'은 내렸다. 그러나 송범 '인생의 막'은 아직 내리지 않았다. 그에게는 후진 양성과 창작 진흥이라는 인생의 사명이 남아 있었다. 후진 양성은 하나의 개인적인 사명에 그치지 않고, 그에게 한국인의 사명, 나아가 하늘의 사명, 천명(天命) 같은 것이었다. 날로 혼탁하고 침체해가는 국내 무용계, 저질화 되어가는 예술계를 돌아보면서, 그는 더욱 이런 사명감에 젖었다. 그의 이런 인식은 '자필자료'와 '구술자료'의 구석구석에 그대로 반영되어 있다.

1996년 11월 26일, 송범은 무대에서 마지막 춤을 추었다. 수석제자 국수호가 안무한 <무어랑>(<오셀로>의 각색)에서 데스데모나(김현자 분)의 부친 역으로 출연한 것이다. 이 작품은 국립무용단 국수호가 "마사 그레이엄이 그리스 신화를 소재로 작품을 만들어 모던 댄스의 신기원을 이루고, 모리스 베자르(Maurice Bejart, 1927-2007)가 일본의 가부키(歌舞伎)를 과감히 차용하는 마당에 우리 춤이라고 해서 반드시 우리 틀 안에 머물러 있을 필요는 없다."는 취지에서 기획된 작품이었다.[13)]

그는 사람들에게 남을 잘 비판하는 '욕쟁이' '욕대장'으로 불리었다. 국립무용단 시절에는 게으른 제자들에게 '미친놈' '미친년'이라는 욕설을 퍼붓기도 했다. 무용수들은 그 욕설이 무슨 의미인지를 잘 알고 있었다. 따뜻한 애정을 담아 연습을 독려하려는 본심의 역설적인 표현임을 간파하고 있었다. 그래서 '미친'이라는 접두어는 '아름답게(美) 친하자(親)'는 뜻으로 통용되었다.[14)]

한 걸음 나아가, 그의 욕설, 날카로운 야유, 거침없는 비평은 무용계에 대한 깊은 우려와 애정에서 비롯된 것이었다. 동시에 자신의 나태와 타락을 스스로 경계하고자 하는 사명의식의 자각에서 빚어진 내면적 언어였다. 실제로 그는 마음이 여리고 순박하며 정직하고 선한 사람이었다. 평소 말보다는 연습과 실천을 강조했고, 스스로 그렇게 살아 온 성격이므로 '진지하게 정진하지 않는 사람'에 대해서는 가차 없는 욕설을 퍼부었던 것이다.

말년에 송범은 가족과 집에서 단란하게 식사를 하고, 근심 없이 TV나 보면서 지낸 적이 있었다. 그때 정말 무한한 행복을 느꼈다. 그리고는 다음 순간에 곧 '너무 행복하다고 느끼면 안 될 텐데' 하고 뉘우치기도 했다. '행복하면 너무 안이해지고, 예술을 하지 못한다'는 젊은 시절의 잠재의식이 그대로 남아 있었기 때문이다. 송범은 젊은이들의 현대무용을 보면서도 '고민하고 있는 인간의 모습이 담긴 작품'에서 감동을 느끼곤 했다.[15)]

송범은 제자들의 요청으로 여러 대학교에 출강했다. 숙명여대, 세종대, 한예종 전통예술원 등이 그곳이다. 얼마 후에는 작곡가 박범훈 교수(중앙대학교 부총장)로부터 그가 몸담았던 중앙대학교 무용과에 다시 와달라는 제안을 받았다. 일종의 석좌교수 같은 대우를 제시했다. 이런 대학원에서 그는 제자 교수들이 가르쳐 놓은 무용의 원리와 이미 공연된 작품들을 분석하며, 어른으로서 원생들을 지도하고 작품의 차원을 높게 가다듬어 주었다.

어릴 때부터 무용을 가르쳐 온 정재만은 숙명여대 무용과 교수가 되었다. 송범이 남성무용을 부흥시키기 위해 국수호와 함께 열심히 가르친 제자의 한 사람이다. 정재만은 뒤에 한영숙으로부터 전통춤을 계승한 처지여서 '벽사춤아카데미'라는 사단법인을 운영하고 있었다. 벽사(碧史)는 한영숙 선생의 아호이다. 이 아카데미는 한국무용 지도자들을 위한 강습회를 개최했다. 송범은 이곳에 강사로 초빙되었다.

또한 국립무용단에서 송범에게 지도를 받은 제자들은 선생의 아호를 살려 '범무회(范舞會)'를 운영했다. 이곳에서도 강사로 초빙되었다. 그에게는 정년 같은 것이 별로 의미 없는, 바쁜 나날이 계속되었다. 가족이 기다리는 캐나다로 떠나기 전까지 일주일에 5일은 어디든지 무용연습장에 나갔다.[16]

2000년 4월에 공연된 「4인 4색, 나흘간의 춤 이야기」는 송범, 조흥동, 최현, 국수호 등이 안무했다. 4,320명의 관객이 입장했고. 그중 3,454명이 유료관객인 대기록을 수립한 공연이었다.[17]

그는 집에서 '부부 화합의 꽃'이라는 난(蘭)을 키우며 지낼 때, 이런 말을 했다.

"나는 요즘 취미로서 난을 키우고 있다. 그럭저럭 벌써 10년이 된다. 용돈이 따로 생길 때 한 분씩, 두 분씩 사 들인 것이 이제는 꽤 많은 양이 되었다. 난을 기르는 데도 아주 부지런해야 한다. 계절에 따라 그것을 밖에 내놓아, 햇빛을 적당히 쬐어주어야 하고, 청결해야 하고, 서양난은 습도도 맞춰줘야 한다. 이런 일은 집식구들도 같이 거들어야 하므로 난을 부부 화합의 꽃이라고 한다."[18]

자연(난)과 예술(무용)의 근본 원리가 동일한 것을 암시해 준다. 그의 인생에 대한 달관이 묻어나는 담백한 글이다. 국립무용단 단장을 떠나며 그가 남긴 회심의 말도 의미심장하다.

"돌아보건대 춤은 나의 신앙이었고, 생명이었으며, 사랑이었노라 고백한다. 내가 무용을 시작하면서 지금까지의 개인적인 삶은 세인의 이목을 끌만한 흥밋거리도, 이야깃거리도, 사건도 없는 참으로 평탄한 삶이었다. 오로지 무용에만 정열을 바쳐 정진할 수 있었다는 것, 이외에는 조용한 삶을 살아왔다. 50여 년 이상을 오직 춤추는 삶에 정진할 수 있었던 내 인생은 참으로

축복이었다. 다시 태어난다 해도 무용가가 되고 싶다. 내 춤 인생을 이끌어 준 모든 이들에게 감사한다."[19)]

송범의 가족은 2006년 초에 먼저 캐나다로 이민을 갔다. 무용과 관련이 없던 그곳 생활이 그에게 심리적 안정을 주었다고 말하기는 어려울 것이다. 가족과도 함께 지내지 않고, 그는 서울에서처럼 토론토 시내에서 부부만 함께 지냈다. 일찍이 무용이 종교라 했던 그였다. 그러나 인생의 최후를 그는 기독교에 의지했다. 2006년 5월에 그는 이화여대 무용과가 마련한 공개 강좌에서 교수들과 학생들을 대상으로 우리 무용계의 장래에 대하여 소견을 발표했다. 그것이 공개 석상의 마지막 모습이었다.

그는 2007년 6월 15일 캐나다 토론토에서 81세를 일기로 타계했다. 그에게는 금관문화훈장이 추서되었다. 그곳에서 화장되어, 유골은 여주의 남한강 묘원에 안장되었다. 평소 친근했던 한영숙의 유택과 가까운 거리다. 지금, 2014년을 기준으로 하면, 작고한 지 7년의 세월이 흐른 셈이다.

# 9. 송범 작품 목록

앞서 기술된 송범 안무작에는 동일한 작품이 다른 제목으로 된 경우가 적지 않았다. 공연 시기에 따라서 개작되거나 개명된 것도 있고, 다르게 안무되었던 것이 요인이다. 여기서는 이러한 경우에 해당하는 작품들의 전후 내력을 밝혀 보기로 한다. 서술의 기준은 1982년 3월 국립무용단 제29회 「송범무용전」에서 공연된 작품들을 참조하기로 하겠다. 그가 생존 시에 스스로 안무한 작품인 까닭이다.[1]

<강강술래>

<강강술래>는 단독 제목, 때로는 <달과 여인>이라는 명칭으로 공연되었다. 또한 여러 단독무용을 모은 군집무용(群集舞踊) 「달밤」의 한 종목으로, 때로는 무용극 속의 '군무'의 하나로도 공연되었다. 민속무용 <강강술래>는 달밤과 여인의 연관성을 무용시(詩)적으로 해석하고 무대화한 작품이지만 공연의 성격에 따라 다양하게 안무되었다.[2] <강강수월래>라고 표기된 경우도 있었다.

<달과 여인>은 1968년 멕시코올림픽 문화행사에서부터 공연되기 시작한 <강강술래>에서 비롯되었다. '달밤'은 국립무용단 「1974년 한국무용제전」에서 군집무용의 명칭으로 사용되었다. 즉 제1부는 한낮 마을 처녀들의 춤, 제2부는 노을 진 무렵의 처녀와 총각의 춤, 제3부는 달밤의 <강강술래> 등으로 연행되었다. 1998년 12월 (사)벽사춤 아카데미가 개최한 「무용계의 3대 거목 유파전」에서 제1부로 송범의 <달과 여인>이 공연되었다. 1984년 무용극 <도미부인>에서는 안숙선의 창에 따라 군무로 <강강술래>가 연행되었다.

한편, 2002년 10월 범무회는 「송범, 춤 60년 회고전」에서 <강강술래>를 공연했다. 2008년 12월 범무회는 송범 서거 1주년기념공연인 「사미인무(思美人舞)」에서 <강강술래>를 공연했다. 정동극장은 2011년 6월 「무용극과 송범」에서 '달과 여인'이라는 타이틀로 <강강술래>를 공연했다. 청주시립무용단은 2012년 3월 「별의 전설, 아! 송범」에서 <강강술래>를 공연했다.

<연가>

<연가>는 1968년 멕시코올림픽 문화행사에서부터 공연되기 시작한 <연가>에서 비롯되었다. 판소리 <춘향가> 중 사랑가에서 발상되었고, 한국적인 남녀의 애정을 전통적인 분위기에 맞게 춤으로 표현했다. 송범과 김문숙이 함께 했다. 이도령의 의상은 옥색 도포에 남색 쾌자를 걸쳤고, 춘향은 연두색 저고리에 다홍치마를 입었다. 그 후 대표적인 듀엣으로 전 세계를 순회한 춤이다. 1982년에는 <사랑가>로 공연되기도 했다. 초연에서 송

범・김문숙, 일본공연에서 송범・한순옥, 그 다음에 정재만・홍금산, 국수호・이문옥, 국수호・신규영 및 김송희(1982), 김장우・양승미(1998)로 이어졌다.

<황혼>

1965년 시공관에서 <인생>이 발표되었다. 최승희의 가야금 산조 반주자였던 박성옥이 23줄짜리 철가야금으로 새롭게 개발해 연주한 산조에 맞추어 송범이 춘 춤이다. 한 예술가의 노년의 고독과 달관(達觀)의 내면을 표현했다. <황혼>으로 개제되어 재안무되어 1982년에 김향금・이홍이에 의해 공연되었다. 녹음자료를 통해 곡을 살펴보면, 악장의 구조는 도입(1-4마디, 14초) 중모리(9각, 5-40마디, 1분42초) 중중모리(28각, 41-68마디, 2분22초) 자진모리(44각, 69-111마디, 1분49초)로 전개되었다.[3)]

이 작품을 만들기에 앞서, 송범은 1959년에 「권려성무용발표회」를 감상한 일이 있었다. 그를 감동시켰던 작품은 앞서 지적한 대로 노을 지는 백사장에서 수평선을 바라보는 여인의 심정을 그린 <황혼이 짙으면>이었다.[4)]

<낙동강>

1952년에 대구 문화극장에서 <양자강>이 발표되었다. 마스네 작곡 <타이스의 명상>을 바탕으로 도도히 흐르는 양자강의 이미지를 바탕으로 만든 것이다. 1982년 중국의 강이 아닌, 낙동강의 이미지를 토대로 새로 안무했다. 박범훈은 국악의 선율로 작곡을 했고, 송범은 <낙동강>으로 제목을 바꾸었다. 1982년

박정목 · 장용일이 추었다. <수평선>으로 제목을 바꾸어 1986년 김장우가 추어 그해 신인상을 받았다. 1998년에 역시 김장우가 추었다.

<사형대>

<사형대>는 1975년에 세종문화회관에서 공연되었다. 동란의 비극 속에서 사형될 수밖에 없었던 인간의 고뇌를 현대무용으로 그린 작품이다. 국악인 부부인 지영희의 아쟁곡을 성금연이 연주했다. 1982년 홍금산, 김나영이 추었다.

<동심>

1965년 시공관에서 국립무용단의 한국발레 <멍든 산화>가 공연되었다. 이 작품에서 최창권 작곡으로 주인공 김인주가 솔로로 춘 것이 <동심>이었다. 1982년에 최영숙, 이석규가 추었다.

<가사호접>

<가사호접>은 1933년 조택원이 자신이 배운 <승무>를 바탕으로 만든 작품이다. 김준영 작곡 <승무의 인상>으로 발표되었다. 1943년 휘문고등보통학교(그 후의 휘문중학교)의 선배 시인 정지용의 개명으로 <가사호접>이 되었다. 어느 스님이 불도를 파계한 내용이다. 송범은, 우리 정서를 바탕으로 창작된 첫 번째 솔로의 명작으로 평가했다.[5] 1975년 조택원이 문화훈장을 받는 「한일합동기념공연」에서 송범은 스승의 이 작품을 물려받았다. 1976년 스승의 사후 「추모공연」에서 이 춤을 추었다. 1982

년에 국수호가 추었다.

<생령의 신음>

1953년 전후 대구에서 상경한 이후 시공관에서 공연되었다. 6·25의 비극을 주제로 당시 사회상을 표현했다. 리스트 작곡 '헝가리언 랩소디'를 바탕으로 했고, 아직 미국계열의 현대무용이 수용되기 전에 송범에 의해 창작된 점에서 의의가 있다. 1982년에 손병우, 박정목이 추었다. 2006년에 손병우가 지도해 서용석이 추었다.

<반쟈라> <사사(使蛇)의 춤>

1951년 피난지 대구에서 송범은 발레 무용극 <불의 희생>을 창작했다. 이 가운데서 남성무인 <사사의 춤>이 들어 있었다. 장추화의 타블라 리듬의 여성춤인 <반쟈라>와 대비되는 낭만적인 남성춤이다. 1955년에 시공관에서 <불의 희생>을 재안무한 <인도의 연가>가 공연되었다. 이때 여성춤인 <반쟈라>가 공연되었다. 1982년에 <반쟈라>는 윤성주와 홍형경, <사사의 춤>은 양성옥과 이지영이 추었다. 2006년에 <반쟈라>를 <타블라의 리듬>이라는 제목으로 양성옥이 지도해 김정이 추었다.

<즐거운 계절>

1980년 국립무용단은 무용극 <푸른 천지>(일명 허생전)를 공연했다. 이 작품에 삽입되었던 아낙네들의 춤이 <즐거운 계절>이다. 박범훈의 작곡으로 과수원에서 사과를 따는 여인들의 마

음을 경쾌한 리듬으로 표현했다. 1982년에 양성옥, 이지영, 신신자, 최영숙, 이홍이, 김경미 등이 함께 추었다.

<참회>

<참회>는 상상 작곡의 <지고이네르 바이젠>을 반주로 1951년 초연되었다. 십자가에 못 박힌 예수를 배경으로 신부의 고뇌상을 소재로 했다. 전쟁으로 암울했던 피난지 생활과 동족상잔, 민족비극의 참상을 예수의 수난에 비유하여 혼돈 속에서 구원의 손길을 갈구하던 당시의 상황을 묘사한 것이다. 1982년에 박범훈 작곡을 토대로 부처님을 배경으로 한 <참회>를 새롭게 창작했다. 국수호, 이미경이 추었다. 송범은 조택원의 <가사호접>에 대해 <참회>에서 불도에 귀의하는 주제를 표현했다.[6] 1996년 한국무용협회에서 명작무(제5호)로 지정되었다.

<우물가에서>

1969년「삿포로 동계올림픽 문화축전공연」에 초청되어 공연되었다. 박범훈 작곡으로 시골의 우물가에서 이루어지는 젊은 남녀의 사랑을 묘사한 춤이다. 1982년에 손병우・신신자, 정상노・양승미가 추었다.

<향수>

<향수>는 1952년에 아리랑조곡에 의해 안무된 <향토의 서정>과 비슷한 시기에 창작된 작품이다. 지영희의 음악으로 공연되었다. 1982년 정상노, 강이섭이 추었다.

<이역에서>

<이역에서>는 송범이 월남공연에서 느낀 감회를 박성옥의 철가야금 산조에 의해 창작한 것이다. 1971년 6월 「한영숙무용발표회」에서, 송범은 검정 바지에 흰 블라우스를 입고 이 춤을 추어 감동을 주었다. 1982년에 이화숙, 김경미가 추었다.

<수련몽>

1950년 10월, 6·25남침의 시련이 잠시 지나 9·28수복이 되었다. 어느 날 송범은 덕수궁 연못가에 앉아 그간의 고달픈 몸을 쉬었다. 못 가운데 활짝 핀 연꽃을 보며 드보르작 작곡의 멜로디를 연상하며 환상에 젖었다. 이때 구상된 것이 이 작품이었다. 그해 11월 시공관에서 홍영자와 듀엣으로 추었고, 그 후 주리와 듀엣으로 추었다. 1982년에 이문옥, 조은하가 추었다.

이상과 같은 작품 목록을 통해서 무용가로서 송범의 창작 방법과 태도는 더욱 선명히 드러난다. 그것은 한 마디로 그가 평생 동안 예술 원리에 충실했다는 사실이다. 흔히 말하듯 예술에는 완성이 없다. '완성, 완전을 향한 끊임없는 작업이 있을 뿐이다'. 이 명제는 일찍이 칸트에 의해 제기되었지만, 실제로 작가 개개인의 태도와 작품을 통해서 '그들의 완성을 향한 진지하고 지고한 노력'을 확인할 수 있다. 송범은 초연으로 작품을 끝낸 것이 아니라 동일한 작품을 수차 재안무한 경우가 많다. 자신의 작품을 미완성으로 인식하고, 완성을 위해서 온몸을 던져야 한다는 절차탁마(切磋琢磨)의 열정 속에서 걸출한 작품을 남겼다.[7]

# 10. 무용의 지도와 계승

## 1) 송범의 교육관

우리 속담에 '그 선생에 그 제자'라는 말이 있다. 우리 무용계에서 '송범의 제자들은 기본기가 충실하다'는 칭송이 자자하다. 과장해서 추켜세우자는 뜻이 아니라 필자는 이런 칭송을 여러 사람들로부터 들었다. 처음에는 무슨 말인가 의아했다. 그러나 송범의 작품과 기록들을 보고나서야 무용가로서 그의 됨됨이와 실력이 얼마나 탄탄한 것인지 비로소 알게 되었다. 선생 자신이 고된 노력을 통해서 얻은 기초이니만큼, 그의 지도법이 남다를 수밖에 없는 것은 당연한 노릇이 아닐까 한다.

송범은 조택원에게 발레의 기초를 배웠다. 이어서 장추화연구소에 들어가 선생의 조교 역할을 하며, 장 선생과 더불어 현대무용의 기초를 정리했다. 이 과정에서 조택원에게 배운 기초, 한동인에게 배운 기초, 최승희의 기초 및 독일 마리 뷔그만의 기초를 메모한 「노트」 등을 참고로 했다. 이 연구소에서 장 선생과 함께 송범이 최종적으로 정립해낸 것은 앉아서 하는 운동,

서서 하는 운동, 넘어지는 운동 이렇게 세 부분으로 나뉜 45분 정도의 무용 기본이었다. 그리고 이 기본은 연구생이나 무용가들의 기본기로써 활용되었다.[1)]

송범은 발레의 기초가 중요한 이유를 설명했다.

"장르의 개념을 떠나서 우선 무용수들은 발레를 좀 해야 한다. 균형이 잡히지 않고 적절히 긴장이 들어가지 않은 몸으로는 절대 무용을 못한다. 그 다음에는 표현을 해야 한다. 이 표현은 결국 현대무용의 훈련에서 차용할 수밖에 없을 것이다. 마리 뷔그만이든 마사 그레이엄이든, 어떤 것이든 좋으니, 무용수들은 자신의 온몸을 써서 표현하는 방법을 익혀야 한다. 그와 함께 꾸준히 한국무용의 선, 호흡, 길이, 굴곡감 등을 익힌다면 더 바랄 것이 없겠다."[2)]

무용 장르의 차이는 양식의 특징에서 비롯되는 것으로 지적하고, 자신의 실연(實演)해 온 현대무용과 한국무용의 양식을 개성 있게 구현하기를 주문했다.

"발레든 현대무용이든 어느 정도 연마하는 것은 한국무용의 표현성을 강화시키려는 의도이지, 배운 그대로 (기존의 작품들을) 발레나 현대무용으로 바꿔서 하라는 것은 아니다. 바로 이 점에서, 우리 젊은 무용가들의 고민이 있어야 한다. 제도적으로도 특히 한국무용과 현대무용을 더 섬세히 가르는 경계선이 고안되어야 하겠다. 그냥 한국무용, 현대무용 하는 시대는 지났다고 본다. 그 다음은 끊임없는 반복이다. 반복을 통해 무용수의 몸은 점점 조금씩 다듬어지고 담대해져 간다. 그리고 어떤 상황에서도 침착하게 적응할 수 있는 적응력이 생기게 된 것이다."[3)]

국립무용단에서 임성남이 서양 발레를 지도 안무하고 있을 때, 송범은 한국발레를 지속적으로 실험했다. 이 실험이 서양의 탄탄한 무용사에 대응해서 얼마나 어려운지 송범은 잘 알고 있었고, 또한 무용계와 비평가들의 호된 비판에 직면해야 했다. 제삼자의 관점에서 본다면, '가능성이 희박했던 실험'이었다고 할 수 있다. 그러나 그는 그 실험을 통해 <심산유곡> <종송> 같은 한국발레의 수작을 내 놓았다.

한 단계 나아가, 우리는 세계화시대를 맞았다. 해외 교류와 예술의 보편화 문제에 직면하게 된 것이다. 현대무용과 발레의 수용 및 창작만이 아니라, 그보다 더더욱 우리 춤의 무대 무용적 정립이 시급한 과제로 다가왔다. 1960년대 말기에 송범이 한국무용의 모색과 창작에 뛰어든 것은 이런 절박한 여건이 요인이었다. 그는 앞서 말한 대로, 국내의 유명한 춤꾼, 무용가들을 국립무용단에 초청해 민속춤과 전통무용을 배웠다. 단원들과 송범은 함께 배웠다. 그러나 그 전수 과정은 곧 송범의 전통무용에 대한 무대 정립 과정이기도 했다.

다음과 같은 송범의 회고에서도 그의 배움의 자세가 잘 드러난다.

"옛날 전통무용 하는 사람들은 모두 즉흥으로 하기 때문에 두서가 없었다. 순서도 없고, 무대구성법을 몰랐다. 그냥 막춤을 추었다. 그런데 한영숙 선생은 머리가 좋은 분이라서 우리(현대무용을 한 무용가들)한테 영향을 받았다고 할 수 있다. <살풀이춤>을 보면 정리가 싹 되어 있다. 그냥 왔다 갔다 하는 것이 아니다. 나는 한영숙 선생에게 춤을 배운 적이 있었다. 우리는 서로 도움을 주고받은 것이다. 한국무용 기본동작은 무용가들 각자가 앞으로 여덟 번 가고, 뒤로 여덟 번 가는 원 스텝부터 시작되었다. <승무>에서, <살풀이>에서, 탈춤에서 가락을 뽑아서 각자가 다 만들어낸 것이다."[4)]

이 '말씀'의 정확한 속뜻을 알기 위해 필자는 국수호에게 질의한 적이 있다.

"송범 선생은 무용의 품격과 무용가들의 자존심을 중요하게 여겨 한영숙 같은 명인의 작품이 어떤 과정으로 변화 정리되었는지는 밝히지 않았다. 남들에게는 아주 훌륭하다고 칭찬할 뿐이었다. 그러나 솔직히 국립무용단에 와서 춤을 가르친 분들은 교육자의 역할 뿐만 아니라, 그 기회에 자신의 춤을 되돌아보고, 다시 다듬는 수강자의 입장이 되기도 했다. 말하자면 송범 선생에게 한 수(手) 배워서 돌아가게 되었다. 송범 선생은 춤을 배우면서 분석하고, 그것을 다시 무대무용으로 재안무하고 구성해 놓았으니, 한영숙 같은 명인들은 <살풀이춤> <승무>를 새롭게 가다듬게 되었던 것이다. 한 선생의 춤이 우리를 가르치면서 더욱 훌륭해진 것은, 송범 선생의 숨은 역할이 있었다는 점을 부인할 수 없다. 한 선생만이 아니라 당시 송 선생과 접촉한 많은 분들은 어떤 형태로든 자기 무용에 유익한 영향을 받았음을 부인할 수 없다."[5)]

송범은 한국무용을 하면서 자신의 기본기를 정립했다. 또한 이 기본기를 무용단의 연습에서 그대로 활용했다. "나의 기본동작은 몸을 푸는 기본이 한 15분 걸린다. 우리 춤은 처음 배울 때 발레나 현대무용보다 어렵지 않다. 힘도 안 든다. 그러나 세월이 갈수록 어려워지는데, 마음속에서 우러나와야 하는 춤인 까닭이다. <굿거리춤>(마음속에서 우러나는 춤)으로써 15분, <산조춤> 22분, 이래서 모두 한 40분 된다. 그 중에 내가 좋아하는 모든 동작들이 다 들어있다. 문화재로 지정된 춤과 내 춤이 다른 점은 내가 발레를 했으니까 방향을 알고 있다는 점이다. 어떻게 하면 좋은 선이 나온다는 것을 머릿속에 넣고 있다. 우리 춤을 흥과 멋으로 이야기하는데, 흥과 멋보다는 선을 중요시하는 것이 우리 춤이다. 아름다운 선을, 그림을 보여주자는 것이다."[6)]

대학 무용과에서는 <산조춤> 22분짜리를 12분짜리로 줄여서 지도했다. 그리고 <승무>와 <살풀이춤>을 7분짜리, 15분짜리로 압축해서 지도했다. 그러니까 가장 간단히 기본을 하는 데 20분이 소요되었다. 이러한 기본에 더해, 한국무용의 기초훈련으로 앞서 「송범무용전」(1982)에서 자신이 안무한 15개 작품을 무용수들이 '훈련춤으로서' 수시로 연습하도록 했다. 말하자면 <이역에서>와 <황혼>은 산조, <가사호접>과 <참회>는 승무에 속한다. 이런 기본과 훈련이야말로 각자가 자기 춤을 가다듬고 창작을 하는 데에 원동력이 되었다고 말할 수 있다.[7)]

양성옥은 필자에게 이렇게 증언했다. "송범 선생은 기본을 갖추지 않은 무용은 작품으로 인정하지 않았다. 선생이 세워 놓은 기본동작과 기초훈련을 열심히 따라서 연습한 단원들이 적지 않았다. 그리고 그런 무용가들이 지금도 훌륭한 춤을 추는 것을 볼 수 있다. 전국의 여러 대학과 무용연구소에서 기본동작과 기초훈련은 널리 활용되고 있다. 송범 선생이 가르친 교육의 방법과 중요성을 잊을 수 없다."[8)]

송범은 언제나 연습을 강조했다. "끊임없는 연습이 필요하다. 허리에 힘이 없으면 춤의 힘도 나올 수 없고, 필요한 긴장감도 생길 수 없다. 또 힘이 있어야, 몸이 유연해지는 법이다. 몸이 올라갈 때는 허리도 함께 올라가면서, 손끝은 팔이 가는 그대로 좇아가면 된다. 어떤 이들은 일부러 손끝의 맵씨 미를 부리려고 하는데 나는 딱 질색이다.'[9)]

## 2) 제자에 대한 사랑

송범은 자기 무용에 엄격했던 예술가였기에 타인의 작품에 대해서도 엄격하고 작품이 지닌 창의성과 품격을 매우 소중하게 여겼다. 이러한 그의 태도는 제자와의 관계에서도 그대로 나타났다. 그는 이렇게 실토한 적이 있다.

"나는 내가 가르친 사람을 모두 제자라고 하고 싶지는 않다. 내가 10년 이상 가르친 사람이 아니면 그런 말을 쓰기가 싫다. 그런데 요즘 보면 돈 받고 작품 하나 가르치고도 내 제자라고 하는데, 그것은 우스운 이야기다."[10)]

송범의 제자 사랑은 남다른 데가 있었다. 1982년은 그의 무용 40년을 기념하는 해였다. 그런데 이 무렵, 그는 자신의 남성 무용 후계자로 국수호와 정재만을 염두에 두고 있었던 것 같다. 자기가 국립무용단을 떠나고 안무를 할 수 없는 단계에 이르면, 무용계를 이끌어 갈 든든한 후계자들이 절실히 필요로 했기 때문이다. 이 문제에 대하여 송범은 다음과 같은 속내를 드러내었다.

"(내 나이에) 무형문화재적인 춤을 배우기 힘들므로 국수호, 정재만에게 배우게 했다. 두 사람은 정말 내가 마음속으로 키우려고 했던 제자였다. 두 사람의 춤 성격이 각각 다르므로 서로 다른 작품을 하게 하면 된다고 기대했다. 말하자면 정재만은 내면적(內面的) 성향이고, 국수호는 외면적(外面적) 성향이다. 그런데 이들은 자기 길을 가버렸다. 할 수 없는 일이다. 가슴이 아프나, 나는 그런 슬픔을 금방 체념해 버릴 줄도 알고 있다. 체념은 나를 괴로움에서 구원해 주고 편안하게 해 준다는 것을 언제부터인가 알고 있기 때문이다."[11)]

두 사람이 '자기의 길'을 갔다는 것은 무슨 의미인가. 국수호는 전주농고 재학시절 풍물을 체계적으로 배웠다. 박금슬에게는 전통춤을 배웠다. 서라벌예술대학교 무용과를 졸업하고 1973년에 국립무용단에 입단했다. 단원 활동을 하면서, 중앙대학교 연극영화과와 동대학원 민속학 석사과정을 수학했다. 극장을 벗어나 이매방 선생에게 <살풀이춤>과 <승무>를 배우기도 했다. 한성여대, 청주사범대, 서울예전의 강사를 거쳐 1985년에는 중앙대 무용과 교수로 임명되었다. 이 모든 그의 사회적 진출이 모두 송범 선생의 깊은 배려와 애정을 바탕으로 이루어진 결과였다. 그러나 국수호는 1987년에 그가 주도하는 디딤무용단을 창단했다. 송범은 이 무용단을 위해 특강도 해주었지만, 심정적으로는 제자가 자기 곁에서 국립무용단을 지켜주기를 소망했던 것으로 볼 수 있다.

1990년 봄에 국수호는 『국수호 춤 작품집』을 출간했다. 송범은 축하의 글 속에서 제자에 대한 사랑을 보냈다. "국수호는 냉철하고 도도하다. 그의 냉철함은 정확한 사고력 속에 있고, 도도함은 무용에 대한 자신의 철저한 의지력의 표현임을 알았다. 그는 내 가장자리를 메워 주었고, 그 춤 세계는 많은 보람을 느끼게 해주고 있다. 88올림픽 문화행사 때 국립무용단의 <하얀 초상>을 만들면서 그가 일본 고베의 실크로드박람회에 의상 고증을 위해 달려가는 모습을 보고, 작품에 대한 그의 열정과 계획적인 안무 능력이 범상치 않다고 생각했다."[12)]

정재만은 인천에서 가톨릭계 대건중학교를 다니던 2학년(1963) 때 송범무용연구소의 문을 두드렸다. 당시 입소비가 2천원, 매월 학원비가 3천원으로 기억한다. 서라벌고등학교로 진학했는데, 2학년(1966) 때 담임선생이 송범 선생에게 어려운 형편을 알려 주었다. 옹기를 제작하던 아버지가 사업에 실패했기 때문이다. 송범 선생은 즉시 연구소를 제공하고 숙식과 학원비를 해결해 주었다. 정재만은 연구소에 기거하는 조교가 되었다. 1975년 당국의 방침에 따라 연구소가 문을 닫을 때까지 그는 연구소에서 경희대 무용과, 동 대학교, 대학원까지 마쳤다.

1969년에 한영숙은 <승무>의 중요무형문화재 보유자가 되었다. 1971년에 정재만은 이애주와 함께 한영숙에게서 <승무>를 배우기 시작했다. 1973년 국립무용단이 독립하면서 정재만은 단원으로 입단했다. 1980년 세종대 무용과 교수가 될 때까지 무용단 활동은 물론, 한국국악예술학교, 리틀엔젤스예술학교 등에서 강의를 맡기도 했다. 처음 <승무>를 배우러 한영숙 선생에게로 가겠다고 했을 때 송범은 마치 아들을 보내는 심정으로, 한영숙은 아들을 맞이하는 심정으로 환영해 주었던 기억을 정재만은 지금도 잊지 못한다. 정재만은 2000년에 보유자로 지정되었다. 1979년 국립무용단을 퇴단한 그는 국립국악원의 수석무용수를 맡았다. 이 모든 청년시절의 과정은 송범이라는 지도자의 후원과 안내로 이루어졌다. 그러므로 앞서 국수호의 경우와 같이, 제자가 자기 곁에서 국립무용단을 지켜 주기를 소망했던 아쉬움의 표현으로 볼 수 있다.[13)]

이애주(李愛珠, 1947-)는 어머니의 배려로 5세부터 무용연구소에 다니며 춤을 배웠고, 7세부터 국립국악원에서 김보남 선생에게 배웠다. 1964년 고등학교 3학년 때 전국무용경연대회에서 최우수상을 수상한 것이 계기가 되어, 이듬해 서울대 사범대 체육과에 입학한 이애주를 만나게 되었다. 그때부터 그는 송범·주리무용연구소에서 무용을 배웠고, 한편으로 어린 연수생들에게는 전통무용을 가르치기도 했다. 대학교 4학년 때인 1968년에 문화공보부가 주는 신인예술상(무용부문)을 받음으로써 무용인재로 널리 알려지게 되었다.

한영숙은 <승무>의 보유자가 되자 인재를 찾기 시작했다. 한영숙은 송범에게 이애주를 놓아 주기를 희망했고, 송범은 쉽게 허락하지 않았다. 전통무용의 장래를 위해 송범은 결국 이애주를 보내 주었고, 한영숙은 딸을 맞는 마음으로 환영해 주었다고 증언했다. 송범 선생과의 인연으로 선생이 안무한 작품에 여러 차례 출연했고, 수차 해외공연에도 참가했다. 국립극장에서 <이애주 춤판>(1974), 춤패 '신' 창단공연 <나눔굿> <도라지꽃>(1984) 등을 거쳐 무용가로서 자기 길을 걸었고, 1992년에 서울대 교수가 되었다. 그녀는 한영숙이 작고(1989)한 뒤, 1996년에

최초의 보유자로 지정되었다.14)

송범의 제자들은 그가 평소에는 아버지 같이 인자한 사람이고, 교육과 창작의 현장에서는 무서울 정도로 냉철하고 엄격한 사람이라고, 한결같이 말한다. 선생의 제자들로 구성된 범부회는 앞서 선생이 지적한 10년 이상의 지도를 받은 무용가들인 셈이다. 그들 가운데, 배정혜는 8살 때, 이미미는 초등학교 2년생, 이문옥은 중학교 1년생, 정재만과 홍승옥은 중학교 2년생 때, 문일지는 중학교 3학년 때, 김희경은 고등학생일 때, 조홍동은 10대 소년시절, 국수호는 서라벌예대 무용과에 다닐 때, 이애주는 대학 1년생일 때 각각 송범의 지도를 받기 시작했음을 회고했다. 만년에도 변함없는 선생의 정열과 빛나는 정신을 높이 평가하면서, 모든 제자들은 그를 흠모하고 있다.15)

국립극장의 의상을 담당했던 그테타 리(본명 이용주)는 송범에 대해 말했다.

"서라벌예술대학 연극과를 다닐 때 선생을 만났다. 배우가 되고 싶었지만 무대 의상의 중요성을 강조하며 의상 디자이너의 길을 열어 주었다. 선생은 의상뿐만 아니라 무대예술 분야에 일체 관여하지 않고, 담당자에게 일임해 주었다. 한 번 결정하면 번복하는 일이 없고, 결과에 대해 말이 없었다. 이런 성격을 알고부터는 작업에 더욱 노력하고 신중히 했다."16)

### 3) 무용계의 큰 스승 송범

역사는 문화유산의 계승과 창조의 과정이라 할 수 있다. 문화

유산이란 현재 남아 있는 문화에 중심을 둔 개념이라면, 전통은 계승의 방법에 중심을 둔 개념이다. 따라서 계승은 다른 말로 '전통의 현대화'라는 말로도 부연된다. 그리고 현대화는 창조의 범주에서 자주 논의되고 있다. 여기서 필자가 말하는 계승은 송범의 안무(사후에는 원무) 작품 공연과 송범에게 무용을 배운 무용가들에 한정해 기술하기로 한다.

앞서 말한 대로 송범은 1976년 10월, 50세까지 무용수로서 춤을 추었다. 그해 그의 안무로 공연한 국립무용단의 <사(死)의 승무>에서 자신은 주지승 역할을 맡았다. 또한 스승 조택원의 대표작인 <가사호접>을 추었다. 그가 무용가가 되기로 결심한 1942년부터 통산하면, 34년 동안 무용수로 무대를 밟은 셈이다. 물론, 그의 안무 기록은 2002년 10월의「송범, 춤 60년 회고전」까지 나타난다. 1992년도를 마지막으로 국립무용단을 떠났지만 그는 제자들이 출연한 자신의 60주년 작품들을 손수 지도했던 것이다. 1996년 11월 26일, 송범은 무대에서 마지막 춤을 추었다. 수석제자 국수호가 안무한 <무어랑>(<오셀로>의 각색)에서 데스데모나의(김현자 분) 부친 역으로 특별 출연한 것이다.

1998년 12월, 사단법인 벽사춤아카데미는「무용계의 3대 거목 유파전」을 열었다. 3대 거목이란 송범, 김백봉, 한영숙을 지칭한다. 이 아카데미의 운영자는 제3대 벽사를 자처하는 정재만이다. 안내장에서 정재만은 스승 송범의 업적을 시적(詩的)인 언어로 천명(闡明)했다.

"님은 어둡고 암담한 무용계의 길이셨습니다. 그리고 하늘이며 바람이기도 했습니다. / 당신의 숨소리는 천둥이며 벼락이었습니다. 님은 무용계를 이끄는 달구지였습니다. / 무용예술의 창시자 몇 분이 일구어 놓은 황망한 땅에 꿋꿋한 농부처럼 춤의 씨앗을 뿌리고 현대춤의 기법이며 민족춤의 기법까지도 거름더미에 쌓아 삭히고 삭혀 결국은 한국 춤을 가꾸는 밑거름으로 쓰시며 그 누구보다도 민족정신이 깃든 한국 무용가이셨습니다. / 내 것을 알려면 남의 것도 알아야 한다는 일념으로 숱한 창작을 하심으로 무용극의 황제이며 시작이셨습니다. / 님은 정녕 무용의 거목으로 버팀목으로 천년이며 만세이옵니다. / 흐르는 세월은 용해되어 가는 송범의 예술을 영원한 삶으로 윤회의 바퀴를 억겁으로 돌아돌아 당신의 혼이 될 것입니다."[17)]

이 유파전에서 제1부 송범의 작품으로는 <달과 여인> <연가> <황혼> <수평선> <참회> 등이 공연되었다. <달과 여인>(<강강술래>를 응용한 작품)에는 정구현과 11명이 출연했다. <연가>(일명 <사랑가>)에는 김장우와 양승미가 출연했다. <황혼>에는 최영숙이 출연했다. <수평선>에는 당시 신인상을 획득한 김장우가 출연했다. <참회>에는 손병우가 출연했다.[18)]

2000년 9월, 국립무용단은 제79회 공연으로 「사인 사색(四人四色) 나흘간의 춤 이야기」라는 무대를 마련했다. 무용단장을 은퇴한 송범을 중심으로 최현, 조흥동, 국수호 등이 안무한 대표작들을 공연하는 기획이었다. 무용의 기조는 송범이 기초를 잡아 놓은 '산조' 무용이었지만 안무자마다 개성이 표현되었다. 4일간 제1부에서는 4인의 안무작, 제2부에서는 김덕명, 김온경, 이윤석, 하용부가 연행한 「영남무용」이 전 회 공연되었다. 이 무대에서 송범의 안무 작품으로는 김남용 · 김원경 이외 30명의

<산조>, 우재현 · 장현수의 <사랑의 춤>, 문창숙과 26명의 <강강술래>가 공연되었다.[19]

조홍동은 국립무용단의 대표적인 남성무용수로서 활동했고, 송범의 뒤를 이어 국립무용단 단장(1993-1994)을 했다. 송범의 지도를 받은 수석제자의 한 사람이다. 송범이 무용 내용의 구성을 중시하는 무용극을 한 데 비해, 그는 춤 자체의 표현을 중시하는 무용극을 안무했다. 안무의 특징은 '섬세하고 아기자기한 흥과 멋을 살리는 데' 주력했다. 국립무용단에서 무용극 <맥>(1983) <젊은 날의 초상>(1985) <신>(1989, 1990) <흙의 울음>으로 개작) <환>(1993) <강강술래>(1994) <무천의 아침>(1994) 등을 안무했다.

조홍동은 송범 선생에 대해 이렇게 회고했다. "소년시절부터 나의 발자국마다 선생의 손길이 미치지 않는 곳이 없었고, 그 분으로 인하여 예술가로서 참된 정신의 의미를 깨달았다. 선생은 언제나 내 영혼의 별처럼 아름답게 빛나는 분이다. 춤을 위해 태어났고 한평생 춤으로 살아 온 무용계의 산 증인이다. 평상시에 인자하고 자상하며 누워 있는 풀처럼 자신을 한없이 낮추다가도, 작품에 대한 이야기를 할 때면, 두 눈에 광채를 내고 혼신의 열정을 쏟아 붓는다. 춤에 관한 한 남보다 부지런하고, 더 노력하며, 무슨 일이든 솔선수범(率先垂範)했다. 모든 준비가 한 시간 전에 끝나야 하는 선생의 자세는 우리에게 큰 귀감이었다."[20]

국수호 역시 국립무용단의 대표적인 남성무용수로서 송범과 조홍동을 이어서 국립무용단 단장(1996-1999)을 했고, 송범의 수석제자의 한 사람이다. 그는 스펙터클한 총체극을 지향하는 무용극을 안무했다. 그는 무용극을 '춤극'이라 지칭했다. 대학에서 연극을 전공한 예술가답게 동서양을 아우르는 연기와 연출 기법을 자신의 무용극에 활용했다. 국립무용단에서 무용극 <무녀도>(1984) <대지의 꿈>(1987) <하얀 초상>(1988) <무어랑>(1996) <이차돈의 하늘>(1997) 등을 안무했다.

2002년 10월, 범무회 주최의「송범, 춤 60년 회고전」이 열렸다. 60년이란 송범이 무용을 배우기 시작한 1942년부터 역산한 세월을 의미한다.

회고전의 안내장에는 '안무가로서 뿐만 아니라 현재 한국 춤계를 이끌어 가는 중견 무용가를 발굴, 육성한 교육자로서 무용사에 기록될 그의 제자들이 사은(師恩)의 마음으로 출연하는 뜻 깊은 무대'라는 취지를 밝혔다. 범무회(范舞會)는 송범의 지도를 받은 무용가들로 결성된 단체이다.

안내장에 이름이 오른 회원으로는 홍금산, 이화숙, 김향금, 이문옥, 이미미, 홍승욱, 박숙자, 양성옥, 최영숙, 최정임, 김인숙, 이지영, 홍형경, 조은하, 윤성주, 양승미, 김희경, 장용일, 박정목, 손병우, 정상노, 윤상진, 김장우, 김승일 등이다.

작품은 제1부에서 소품 및 군무, 제2부에서 무용극이 발표되었다. 제1부에서는 김희경・양성옥 외 국립무용단의 <부채춤>, 정재만의 <가사호접>, 최영숙・홍승욱의 <황혼>, 이미미・손병우의 <참회>, 국립무용단의 <강강술래> 등이 공연되었다.

제2부에서는 윤성주・최영숙(직녀)・김장우(견우)・국립무용단원(팔선녀)이 연행한 <지상에서 천상으로>(무용극 <은하수>

의 일부), 양승미・최정임(낙랑공주)의 <기로에 선 여인>(무용극 <그 하늘 그 북소리>의 일부), 그리고 박숙자・양성옥(도미부인)・손병우(도미)・홍형경・이화숙(왕무당)・국립무용단원(군무)이 연행한 <영혼의 길>(무용극 <도미부인>의 일부) 등이 각각 공연되었다.[21]

2006년 6월, 한누리춤연구회의 공연이 있었다. 이 연구회는 한국예술종합학교 전통원의 양성옥 교수가 지도자로서 출범한 단체이다. 양성옥은 송범의 수석제자이기도 하다. 연구회는 6월 2일 학교의 예술극장에서 「한국신무용의 재발견, 제3차 발표회」를 세미나와 함께 열었다. 워크숍 공연에서는 장추화 원작, 송범 재안무, 양성옥 지도의 <타부라의 리듬>이 김정에 의해 공연되었다. 또한 송범 원작, 손병우 지도의 <생령의 리듬>이 서용석에 의해 공연되었다.[22]

양성옥은 스승 송범에 대해 다음과 같이 회고했다. "국립무용단을 수십 년 이끌고 오면서 한국무용의 커다란 가능성을 제시한 분이 송범 선생이다. 선생은 암울한 시대에 표현의 춤인 현대춤으로 시작했지만, 창작적 전통무용으로 돌아섰다. 아마도 한국인의 신체적 사실을 인정해서일 것이다. 그래서 선생의 천재성은 돋보인다고 할 수 있다. 선생에게 배운 춤은 창작적 전통춤이었다. 선생의 인생의 역정이 한국 춤의 역사라고 할 수 있다. 발레와 현대춤을 추면서 춤의 무대화에 자신의 전통적인 창작 세계를 이룩한 것이다."[23]

춤의 훈련 방법에 대해서는 이렇게 덧붙였다. "선생은 춤을 무용수의 자율에 맡겼다. 이것은 상당히 어려운 주문이었다. 우선 선생의 안무 의도에 맞아야 했기 때문이다. 연습장에 누구보다 먼저 나와 연습을 독촉했다. 연습을 강요하면서 자율성을 부여한 선생의 춤의 철학은 그대로 나의 춤의 세계가 되었다. 서구적인 춤의 해석으로 전통을 창작하는 창작성은 탁월하기만 했다. 일일이 지적하지 않으면서 작품 전체를 관장하는 능력은 아마도 선생의 천재성일 것이다. 그 천재성을 본받을 수는 없지만 인간성을 존중하는 선생의 지도력을 존중하지 않을 수 없다."[24)]

송범이 2007년 6월에 캐나다 토론토에서 타계한 후, 2008년 12월, 범무회(회장 김향금)는 <사미인무(思美人舞)>라는 명칭으로 「송범 서거 1주년기념공연」을 했다. 조선시대 시인 정철의 <사미인곡(思美人曲)>을 연상해 붙인 제목이라 한다. 범무회 회원으로 앞서 언급한 명단 이외에 국수호, 김나영, 송화련, 신귀영, 신주희, 이화선, 최정임 등의 이름이 보인다.

프로그램은 서사(詞), 본사(春怨, 夏怨, 秋怨, 冬怨), 결사로 구성되어 추모의 간절하고 애절한 한 마음을 표현했다.

서사는 손병우의 <생령의 신음> 국수호의 <추모시>로 구성되었다. 본사는 홍승욱(외)의 <부채춤>, 양승미 · 김승일의 <우물가에서>, 김장우 · 최영숙의 <사랑가>(이상 춘원), 김향금 · 손병우의 <도미사랑>, 이지영의 <사사의 춤>(이상 하원), 중앙대학교 무용과의 <즐거운 계절>과 <강강술래>, 최영숙의 <황혼>(이상 추원), 박숙자의 <참회>, 김나영의 <사형대>(이상 동원)으로 공연되었다. 마지막 결사에서는 정재만의 <선생님 전상서>가 봉헌되었다.[25)]

2011년 6월, 정동극장은 「무용극과 송범」이라는 타이틀로 <소품 모음>(6.3) <은하수>(6.13) <그 하늘 그 북소리>(6.20) <도미부인>(6.27) 등을 연속으로 공연했다. 이 공연의 기획자는 극장장이자 송범의 제자인 최정임이었다.

<소품 모음>에서는, 최정임의 지도로 정동극장예술단의 <달과 여인>, 문창숙・백형민의 <연가>, 박성옥 음악, 김영미의 <황혼>, 국수호의 지도로 리스트 음악, 이규운의 <생령의 신음>, 윤성주의 지도로 박성옥 음악, 김윤정의 <반자라>, 백형민의 <참회>, 최정임의 지도로 김희경과 정동극장예술단의 <부채춤> 등이 각각 공연되었다.

<은하수>에는 김승일(견우)과 김영미(직녀)가 주연을 맡았고, 중앙대학교 무용학과 졸업자들로 구성된 김승일무용단이 출연했다. <그 하늘 그 북소리>는 전순희 재구성에, 전순희서경무용단의 출연으로 공연되었다. 양승미(낙랑공주), 김장우(호동왕자), 조경아(왕비)가 주역을 맡았다. <도미부인>은 이규운(도미), 김지영(도미부인), 이화숙(왕무당: 특별출연), 양성옥 지도로 공연되었다. 정동극장예술단이 참여했다.[26)]

2011년 11월, 경기도립무용단은 김정학의 재안무로 <도미부인>을 경기도문화의전당에서 공연했다. 1984년 초연에서 도미역을 맡은 조흥동은 도립무용단의 단장으로서 이 작품을 기획했다. 문애령은 이 공연에 대하여, “한국 무용계에 지적소유권을 인정하는 문화가 정착된 이정표적 무대라는 점, 작품의 구성요소들이 모두 한국무용 50년사를 총정리한 전통이라는 점, 신세대 안무자들에게 이와 다른 형태의 창작품을 만들 의무를 제

시한다는 점에서 웬만한 신작과 비교할 수 없는 특별한 생명력으로 빛난다."는 의의를 밝혔다.[27)]

2012년 3월, 청주시립무용단은 「별의 전설, 아! 송범」이라는 제목으로 출향(出鄕) 예술가를 추모하는 기념공연을 열었다. 청주예술의전당에서 목요정기공연으로 제1부와 제2부로 연행되었다. 제1부에는 손병우의 <생령의 신음>, 정재만의 <사념>, 최영숙의 <황혼>, 윤성주와 손병우의 <견우 직녀의 이별>(무용극 <별의 전설>의 일부), 김승일과 양승미의 <사랑가>, 국수호의 <가사호접>, 청주시립무용단의 <강강술래>가 각각 공연되었다. 제2부에서는 청주시립무용단의 무용극 <도미부인>이 공연되었다. 박정한(도미), 손지혜(도미부인), 강민호(왕), 지연정(무녀) 등이 출연했다.[28)]

2012년 11월, 국립무용단은 국수호 안무로 <도미부인>을 공연했다. 이정윤・조재혁(도미), 이윤정・김미애(도미부인), 백형민・최진욱(왕), 문창숙・김은영(왕비), 이현경・김영미(시당녀), 윤성철・박기환(시종) 등이 출연했다. 국수호는 다음과 같은 감회를 발표했다.

"오늘 20년 만에 <도미부인>의 도미와 만나 대물림 의식을 갖는다. 송범 선생의 춤 정신이 고스란히 남아 있는 이 작품은 그 분의 분신과도 같다. 내 춤 인생 50년에 45년을 같이 보낸 춤 아버지의 작품이어서 더욱 각별하다. 파리, 뉴욕, 아프리카, 중남미, 동남아 등, 100여 회 공연 동안 춤의 뼈가 굳었다. 도미부인 역을 같이 했던 양성옥 교수 역시 그럴 것이다. 선생의 정신과 특징을 살리며 무용극적 요소를 보태었다. 송범 춤 특유의 선과 담백함이 묻어나도록 배려했다."[29]

현재 송범이 정립해 놓은 한국무용의 기초 동작과 기초훈련 작품은 전국의 무용과와 무용가들에게 모범적인 교과목이 되고 있다. 송범의 업적을 그대로 표상하는 일면이라 할 수 있다.

# 11. 송범의 무용사적 위상

## 1) 동시대의 무용가

역사학에서 어떤 사건이나 인물에 대해 온당한 평가가 이루어지는 시기를 보통 50년 이후로 잡는다. 지금, 2014년 2월, 송범이 떠난 지 불과 7년 만에 그를 온당하게 평가할 수 있을까 하는 우려 속에서 이 평전을 집필했다. '평전을 시작하며'에서 밝힌 대로, 이 책은 송범이 무대무용에 기여한 사실을 가능한 전체적으로 기록해 두자는 데 일차적인 목표를 두었다. 또한 송범이 구축해 놓은 한국무용에 대해 오늘날 우리 무용계를 반성적으로 되돌아보고, 장차 무엇을 해야 하는가를, 무용가들로 하여금 전망해 보도록 하려는 의도였다.

박용구는 그의 구술서(口述書) 『한반도 르네상스의 기획자』에서 이렇게 말했다. "해방 단계를 나는 '캬라반의 계절'이라고 하지요. 편력(遍歷)의 시대죠. 제일 두드러진 사람이 송범이나 돌아간 진수방 같은 사람인데, 예를 들면 송범은 남방춤을 추다가 발레를 하다가 그러다간 어느새 한국 춤으로 돌아서서 나중에 우리나라 무용극의 대가가 되고 그랬죠. 첫 번에 한국무용 하다가 그 다음에 발레 하다가 현대무용 하다가 또 발레로 다시 돌아가거나… 캬라반식이지요. 진수방 같은 사람, 처음에 한국무용에서 발레, 스페인 무용, 다시 발레로 갔죠."[1)]

낙타 등에 물건을 싣고 이곳저곳 돌아다니며 상품을 파는 상인을 캬라반(caravan)이라 한다. 무용가들을 포함한 광복 후의 국내 지식인들의 행각을 비유한 표현으로서 가슴이 섬뜩함을 느끼게 하는 말이다. 박용구의 지적이 날카롭기는 하지만 그 자신을 포함해서 '과연 방황의 결과가 무엇이었느냐' 하는 데 대한 결말의 검토가 그의 말에 누락되어 있음을 주목해야 한다. 문제는 '캬라반의 계절'이 아니라, '캬라반을 통한 예술적 성취' 여부를 따지는 일이다. 당시에는 송범 만이 아니라 지식문화의 경향 자체가 캬라반식이었음을 상기해야 할 것이다.

사람은 누구나 '일생'을 산다. 예술가도 예외일 수 없다. 예술가가 살았던 시대를 여기서 동시대 또는 당대라 부르기로 한다. 모든 작품의 일차적 가치는 동시대적 가치에서 시작된다. 초창기 작품에 대한 비평은 무엇보다도 주목된다. 그 시대 사람들이 그 작품을 어떻게 느꼈느냐 하는 점을 우선 판별할 수 있는 기준이기 때문이다.

송범은 1947년부터 1974년까지 개인 발표회를 열었다. 다른 무용가와 공동창작, 공식적인 행사의 기념공연, 그리고 국립무용단의 안무 등을 제외하고도, 그는 개인적인 창작 발표를 지속해 왔다. 그는 그 동안 무용계의 변화, 사회적 여건의 변화, 자신의 작품에 대한 비평, 경제적인 어려움 등에 좌우되거나 구애

되지 않고, 오직 열정적으로 창작정신을 불태워 왔다.

앞서 소개된 송범의 작품에 대한 비평, 문철민・조동화・김경옥・박용구・김상화・안제승 같은 사람들의 평문을 종합하면, 송범의 작품은 때때로 졸작(拙作)으로 비판을 받기도 했다. 한편에서는 바람직한 의도를 보였는가 하면, 상당수의 작품이 완성도를 구현했다는 평가를 받았다. 그는 동시대의 무용가로서 희귀하게 공감력을 획득했고, 감동적인 무용을 했음이 자료를 통해 입증된다.

최승희의 무용에 자극을 받은 송범은 조택원과 장추화 선생 밑에서 마리 뷔그만의 기초 동작을 익혔고, 그것을 바탕으로 한 현대무용을 추구했다. 특히 장추화 선생에게는 인도의 타블라 리듬, 광복 후 일본에서 귀국한 한동인에게는 발레의 기본을 익혔다. 이들 선생으로부터 흡족한 수업을 받을 수 없었던 그는, 말 그대로, 암중모색(暗中摸索)과 독자적인 의지로 작품을 만들어내기 시작했다. 당시의 실정으로는 어쩔 수 없는, 다소 무모한 선택이기도 했다. 발레 동작을 기초로 하는 현대무용의 모색, 그러나 그의 열정적인 도전은 무용 자체가 희귀했던 당시 관객들에게 신선함과 호응을 불러 일으켰다.

김태원은 이 시기의 작품에 대해 다음과 같이 지적했다. "송범은 광복 이후 1947년 <습작>부터 국립무용단의 예술감독(단장)이 되기 이전까지 모두 70여 편의 작품을 발표했다. 매년 5편 이상을 발표한 셈이다. 이런 점에서 보면, 송범은 그 동안 무용사의 기둥으로 활약해 온 것을 알 수 있다."[2)]

송범은 동시대의 무용가로서 분명한 존재성을 드러냈다. 그야말로 시대상을 작품으로 구현하고자 노력한 무용가였다. 광복 이후의 무용 공백기와 6·25 이후의 무용계 혼란 가운데서 그의 역할은 단연 돋보였다. 비평에 좌절하지 않고 작품을 통해 극복하고자 애썼다. 동시대의 다른 무용가들과 비교하면, 그의 창작 활동은 월등하게 왕성하고 또한 뛰어났다.

### 2) 한국발레의 모색

현대무용을 하겠다고 나선 송범에게 그 기초가 되는 발레는 필수 방법이었다. 광복 후 장추화무용연구소를 찾아 온 한동인에게 그와 임성남이 발레를 배우게 된 것은 획기적인 사건으로 기록될 만하다. 불과 1년여의 습득이었지만 일생을 변화시킨 원동력이 되었다. 두 사람이 1955년 코리아발레단을 만든 것은 이처럼 뿌리가 깊은 인연에서 비롯되었다.

송범의 발레 콤비는 주리였다. 광복 후 진수방, 정지수에게 발레를 배운 주리는 피난시절부터 1970년 그녀가 스페인으로 유학을 떠날 때까지 송범과 함께 추었다. 김상화는 피난지에서 송범이 발레를 연습하던 모습을 이렇게 회고했다. "발레는 무대를 위한 무대극이어야 하고, 첫째 소재인 군무진이 있어야만 솔리스트가 융합되어 빛난다. 이 사실은 앙상블의 핵심이 되는 조건이다. 피난 시절 그 어려웠던 여건 하에도 (송범의) 연습장에는 항상 남녀 무용수가 20여 명씩 들끓고 있었다. (중략) 그의 작품 <사형대> <벽> <사사의 춤> 등에서 보여 주듯이, 남성 무용수와 여성 무용수의 균형이 무대 구성의 조화를 이루었다."[3)]

조동화는 송범의 <패배자>(1956)가 모던 발레의 수법으로 만든 국내 최초의 시도라고 하면서, 현대감각과 모랄이 훌륭하게 계산된 작품이었다고 평가했다.[4] 안제승 연출의 <비련>(1956),[5] <무도의 밤은 깊어>(1958),[6] 송범 안무의 <백야>(1960)[7] 등도 긍정적인 평가를 받았다.

1962년 2월에 국립무용단이 창단되었다. 이때 송범은 한국무용 부문이 아니라, 임성남과 함께 발레 부문의 단원이 되었다. 그러나 두 사람이 주로 안무를 맡게 되면서, 송범은 임성남과 다른 길을 모색하게 되었다. 임성남은 정통 발레에 더욱 가까운 편이었다. 송범은 현대무용으로 출발했으므로, 두 사람이 동일한 성격의 창작을 할 수 없는 국립극장의 사정을 고려해야 했다. 여기서 나타난 것이 송범의 한국발레 모색이었다.

송범이 연속적으로 안무한 작품들, 즉 <영(靈)은 살아 있다>(1962) <검은 태양>(1963) <영지(影池)>(1963) <푸른 도포>(1964) <배신>(1965) <멍든 산화(山花)>(1965) <왕비 훼도르>(1966 '페드라'의 당시 표기) <심산유곡(深山幽谷)>(1966) <종송(鍾誦)>(1967) 등이 이러한 한국발레의 계열에 든다. 이상의 작품 가운데 <심산유곡>과 <종송>은 그의 대표작으로 기록될 만큼, 한국적 정취와 발레적 표현을 조화시킨 수작이었다.[8]

송범에게 발레는 마치 '공든 탑'과 같은 실체였다. 발레를 위해 외국의 저명한 무용가를 찾아가 배울 수 없었던 그는 국내 주변에서 가능한 방법을 다 찾아내었다. 그에게 발레는 미래의 대안이자 무용가로서 자기 몸을 만드는 수단이었다. 그가 임성남, 주리와 함께 한국발레의 기반을 다진 것은 역사적인 기여로 평가된다. 특히 한국적인 정서를 탐닉하던 그의 발레는 이른바 민족문화적인 색채, 로컬 칼라의 묘미가 짙게 배어났다.

문애령은 송범의 무용을 이렇게 평가했다. “예쁜 무용가, 아름다운 선, 스펙터클한 형식, 음악과 일치되는 춤사위, 화려한 리듬감, 춤사위의 품위, 표현을 위한 연출의 도입 등을 지적할 수 있다. (중략) 최승희가 고전이 되었듯, 언젠가는 송범 춤도 고전이 될 것이다. 그 춤이 좋은 사람들은 한국무용 레퍼토리를 공연할 것이며, 창작하는 사람들은 송범춤을 모방한 ‘모방한 창작품’을 자신의 이름으로 내놓지 못할 것이다.”[9)]

당시 한국발레를 위해 송범이 기울인 진지한 노력 자체를 한마디로 부정할 수는 없는 노릇이다. 한국발레를 위해서는 누가 한다고 해도, 넘어야 할 산을 송범이 먼저 넘었기 때문이다.

### 3) 한국무용의 무대화

송범은 최승희의 공연을 보았다. 그 공연에서 전통무용에 대해 처음으로 ‘눈을 떴을 가능성’이 있다. 같은 시기에 그가 조택원의 공연을 보았다는 증거는 찾을 수 없다. 그러나 조 선생에게 지도를 받으면서 적어도 <승무>의 중요성에 대한 인식을 갖게 되었을 것으로 여겨진다. 잠시 적진(敵陣)이 되어 버렸던 서울에서, 송범은 김백봉과 안성희의 춤을 목격했고, 아마도 큰 충격을 받았음에 틀림없다. 그가 전통춤을 배우기 시작한 것은 피난시절부터였다. 앞서 말한 대로, 박지홍에게 <승무>를 배웠고, 전라도 노인에게는 김문숙과 함께 풍물춤을 배웠다.

1953년 10월에 서울에 귀환한 이후, 그는 김백봉을 비롯한 여러 전통무용가들의 춤을 무용가의 안목으로 감상하게 되었다. 김백봉의 탁월한 능력에 감동한 적은 한두 번이 아니었다. 「권려성무용발표회」에 매우 따뜻한 시선을 보낸 것도 지나칠 수 없는 일이다. 그는 권려성의 <황혼이 짙으면>(1959)을 보고나서 감상문까지 남길 정도로 감동했다.[10] 송범이 뒤에 만든 <인생>(1965, 1982년 <황혼>으로 개작)을 연상시키는 작품이다.

1963년 9월에 송범은 <승무>를 소재로 한 현대무용 <사바의 유혹> <광열의 고독>을 창작했음을 주목하게 된다. 60년대 중반부터 송범은 한영숙에게 <살풀이> <승무>, 김선봉에게 <봉산탈춤>의 전과장, 박금슬에게 <문둥이춤> 등을 배웠다. 국립무용단원의 안무를 하면서 전통무용을 비롯한 우리 가락과 장단을 폭넓게 습득했다.

송범의 한국무용은 개인적으로 그간의 한국발레 활동에서 한 단계 나아가 새로운 무용을 위한 실험과 도전이라 할 수 있었다. 이것은 개인적인 변화에 그치는 일이 아니라, 한국무용사의 일대 전환을 동반한 사건이기도 했다. 아울러 이러한 전환의 동기는 1968년 멕시코올림픽에서 국립무용단의 공연 기획과 안무를 맡게 된 점이었다. 그리고 전환의 계기로는 남산 국립극장의 신축 개관, 국립무용단의 국립발레단과의 분리 독립, 국립무용단의 직업화 및 전문화, 1970년대부터 빈번해지는 국립무용단의 해외 순회공연 등을 들 수 있다. 한편으로 송범의 개인적인 꿈과 주변의 여건이 잘 맞아 든, 행운의 기회로 볼 수 있었다.[11]

김태원도 "(송범은) 국립무용단의 진로뿐만 아니라, 그 동안 현대무용에서, 한국발레로, 다시 한국무용이라는 양식의 전환을 적극적으로 모색하게 되었다. 이것은 단순한 시대의 교체, 양식의 교체가 아니라, 송범의 도약기라는 관점에서 역사적인 의의가 있다."고 지적했다.[12] 한편, 강선영은 송범의 한국무용을 이렇게 평가했다. "송범이, 서양무용의 기본인 발레로부터 시작하여 현대무용으로 폭을 넓힌 다음, 한국의 전통춤의 세계까지를 섭렵하고 종합하려는 시도를 보여 온 것은 현대문화의 본질과 원천적인 세계 예술의 정수를 꿰뚫어 볼 수 있었던 날카로운 안목이 아닌가 한다. 그리하여 그는 세계 속의 한국이라는 것을 재인식하는 표정을 그의 춤 예술의 노정에 나타내기 시작했다."[13]

우리 무용사에서 이처럼 훌륭한 무대무용을 다듬어 놓은 무용가는 불과 몇 사람에 지나지 않는다. 송범이 국립무용단 예술감독(단장)을 장기 집권했다는 비난을 받기도 했지만, 상대적으로 많은 한국무용의 레퍼토리를 정립해 놓은 공로를 망각할 수 없다. 송범이야말로 한국무용의 장르를 개척해 놓은 선구적인 안무가였다.

### 4) 무용극의 창작과 안무가의 존재 정립

송범 무용 인생의 마지막 작업이 무용극의 창작이었다. 더불어 그의 최종적인 안무 역량도 응당 무용극에서 함께 논의되고 있다. 김태원의 이야기를 먼저 들어 보기로 한다.

"1960년대와 달리, 70, 80년대의 한국 사회는 거의 일률적으로 현대화에 사회 발전의 초점을 맞추었다. 그에 따라 예술 단체들이나 극장도 근면한 직업윤리를 확보하여 점진적인 무대 기술성을 높여 갔다. 물론 60년대에도 무용극이 시도되지 않은 것은 아니지만, 70, 80년대 무용극은 공연의 스케일, 무대 기술, 무용수들의 앙상블에 있어서도 더 많은 발전을 보였다. 춤을 도와주는 여타의 주변 예술인(대본가, 작곡가, 장치가, 의상가, 연출가)이 상당수 생겨나기 시작한 것도 이 시기였다."[14] 이렇게 시대 변화의 상황을 설명하고 나서 김태원은, "그렇게 해서 탄생된 것이 송범 안무의 후반기 무용극 <도미부인> <은하수> <그 하늘 그 북소리>와 같은 작품이라 하겠다. 스케일 큰 작품을 통해 국수호, 조흥동 같은 조안무자가 성장했고, 이어 남성 무용가 손병우를 비롯, 이문옥, 김향금, 이미미, 최정임, 양성옥, 윤성주, 이지영, 박숙자, 조은하, 여미도, 문창숙 같은 캐릭터 강한 국립무용단의 무용수들이 배출되었다."[15]고 했다.

무대극을 창작한 성과만이 아니라, 그에 따라 우수한 무용수와 스태프들이 동시에 등장하게 되었음을 지적했다. 이상에서 지적된 작품들은 그의 3대작으로서 고전적, 낭만적, 현대적인 경향을 대표한다.

성기숙은 국립무용단의 보수적인 한계를 놓고 무용극을 논술했다. "송범의 무용극은 현실을 도외시한 유미주의적 창작의 산물로서 신무용 유산의 안일한 계승이라고 비판 받기도 한다. 해방과 분단, 유신 독재와 민주화에 이르기까지 격동의 시대에 관변(官邊) 무용단체를 이끌어야 했던 그의 존재론적 입장에서 보면, 무용극이라는 송범의 미학적 선택은 어쩌면 당연한 것이다."[16] 이렇게 전제하고 나서 성기숙은, "국립무용단은 태생적으로 어느 정도는 보수적일 수밖에 없다. 그런 점에서 신화와 전설, 전통과 민속에 내재된 소재를 바탕으로 무용극적 스타일을 추구한 송범의 안무는 전통과 민족의 정체성 구현을 모토로 한 당시 정부의 국가이념과 문화정책을 매우 충실히 투영시켰다고 해석할 수 있다. 현실과 동떨어진 신화와 전설, 설화에 귀착된 무용극이야말로 관료 사회의 보수적이고 권위적인 가치관과 절묘하게 맞아 떨어진, 어쩌면 최상의 선택이었을 것이다. 이데올로기적으로 국가중심주의 예술을 표방할 수밖에 없는 국립무용단의 숙명적 한계를 송범은 무용극을 통해 철저히 내면화하고자 했다."[17] 성기숙은 이렇게 내면화(內面化)된 노력을 송범의 창조성으로 파악했다.

문일지는 송범의 무용극에 대해 이렇게 평가했다. "창작 무용극 <도미부인>은 과거 신무용 60년사를 통틀어 놓고 볼 때, 한국 춤의 원형을 지혜롭게 채택하여 재창조로 연결시킨 발전의 표본이다. 선생의 그 작품의 근본적인 예술성이나 내포하고 있는 힘은 어떤 고정관념을 도리어 부수지 않으려는 옹고집과 자신감으로 만만치 않게 웅장하기 만하다."[18]

한편, 배정혜는 송범의 안무에 대해 이렇게 평가했다. "어린 시절 선생의 <사사의 춤>을 보았다. 지금도 그 무대가 내 눈 속에서 사진으로 꽉 박힌 것같이 생생하다. 그 칼날 같은 선, 그리고 구성면에서도 군더더기 없이 깨끗한 표현법, 안무에 있어서 한 칫수의 어긋남도 없이 딱 들어맞는 시원한 팔의 선과 구도, 산뜻한 호흡법, 모든 것이 좋은 작품이 탄생하게 되는 원인이 아니었을까. 물 흐르듯이 연결되는 음악에 맞춰 전체의 동작을 그처럼 짜임새 있게 구성하려면 얼마나 치밀한 계산과 안목이 뒷받침되어야 한다는 것은 무용인이라면 누구나 체험해 온 일일 것이다. 결국 그러한 모든 것에서부터 전형적으로 갖춰진 선생만의 안무법이 그 맥을 지키며 빛을 발해 온 것으로 생각된다."[19)]

이와 달리, 김채현은 다소 미래지향적인 관점에서 무용극을 논평했다.

"국립극장의 무용극은 무용극 일반의 특성과 한국의 정체성 추구 이외에도 그 동안 다수의 단원을 활용한 스펙터클한 효과, 신명의 역동성, 한국적 정서의 움직임을 무대화해 왔다. 그럼에도 불구하고 국립무용단의 무용극은 특히 일례로서 사실의 묘사에 치중하여 캐릭터의 감정과 심리 상황을 제대로 처리해야 한다는 과제를 안아 왔다. 출연진 가운데 주역보다 군무진이 작품의 흐름을 주도함으로써, 스펙터클 효과를 기대할 수 있는 한편으로 작품의 초점을 흐리게 할 가능성이 높았다. 무용극에서 필수적인 주역의 비중은 춤적 활약과 정서 표현으로 가늠되며, 기억될 만한 주역은 레퍼토리의 성패를 좌우할 만큼 중요하다. 다시 말해 국립무용단 무용극은 극적 전개 측면에서 주역의 역할을 보장하는 움직임과 연기 기법, 군무진의 다양한 춤 패턴처럼 극성을 높일 장치가 다양하게 개발될 필요가 있다는 것이다."[20)]

김채현의 논리는 동시대 무용극에서 추출된 것이지만, 2014년 현재의 관점에서도 타당하게 들린다. 이상의 평론들은 2007년에 발표되었다. 그 시점에서 1980년대 송범의 무용극들을 되돌아 본 것이다.

국내에서 무용극이 시작된 것은 1940년대 조택원의 작품이었다고 하지만, 그 연장선에서 송범의 무용극을 본다고 해도, 그 차이는 가늠하기 어려울 정도로 현격하고 월등하다. 아울러 송범 이후의 무용극이 눈에 띌 만큼 큰 발전을 보이지 못한 현시점에서 송범 무용극의 위상은 새삼 주목하지 않을 수 없는 역사적 현실이 되고 말았다.

우리는, 오늘날에도 여전히 우리가 문화 후진이라는 사실을 솔직히 자각해야 한다. 이유야 있었겠지만 지난날은 더 말할 필요가 없을 것이다. 과거에 송범이 이 사실을 자각했을 때, 그는 분발하고 창작으로 뛰어들었다. 송범의 무용극은 '불모지에 어린 묘목'을 심은 일에 비유될 수 있을 정도로 난해(難解)하고 어렵고 힘든 일대 역사(役事)였다. 송범이 아닌, 다른 안무가가 한다고 했어도 조건은 마찬가지였다.

새 극장은 1천 5백석의 대극장에다 프로시니움 아치 무대의 넓이는 실로 운동장에 비유할 정도였다. 게다가 무대는 회전과 이동이 자유로운, 이른바 첨단 메커니즘을 갖추었다. 대극장이 무용만이 아닌, 다목적 공간으로 설계되었다는 점도 고려해야 마땅하다. 이렇게 넓은 무대 위에서 '무용만을 가지고' 작품의 시각적인 볼거리와 압축적인 내용을 템포감 있게 표현해내는 일은 역사상 초유의 작업이 아닐 수 없었다. 작품은 다음 일이고, 우선 무대를 채우는 행위 자체가 문제였다.

결과는 어떠했는가. 무용극은 관객들에게 처음으로 시원하고 아름답고 즐거운 스펙터클을 제공해 주었다. 이런 무대의 광경

속에서 솔로춤, 듀엣춤, 군무 등이 1시간 30분이나 이어졌다. 장면마다 우리 역사와 전통이 배어 있는 춤들이 다채롭게 부각되었다. 모든 장면들은 무대미술, 조명, 의상, 효과, 음악과도 잘 조화되었다. 관객들에게는 모두 처음 보는 광경이고 구조적인 무용을 통한 충격이었다. 실로 감동 그 자체였다.

송범은 한국 무용극의 시조(始祖)이자 기준(基準)임이 분명하다. 김채현의 지적처럼 송범 이후에 무용극은 더욱 발전했어야 하고, 획기적인 변화를 창출했어야 하며, 오늘날의 우리가 그런 새로운 무용극을 향유할 수 있어야 한다. 그런데 현실은 어떤가. 우리 무대에서 무용극을 찾아보기 어려울 정도로 메말랐다. 송범이 심어 놓은 묘목은 제대로 자라지 못하고 황야에서 비바람을 맞고 외롭게 서 있는 것이다. 무용인들의 책임뿐만 아니라 제작비에 인색한 정책 당국의 책임도 적지는 않다.

송범은 무용극을 통해서 우리에게 안무가의 역할과 존재성을 분명히 세워 놓았다. 앞서 송범의 무용에 관한 어록(語錄)들에서, 그가 무용극을 하는 의도를 몇 가지로 밝혀 놓았다. 즉, 대형 무대에 맞는 작품의 개발, 무용의 대중화, 전통무용의 집대성 및 적절한 활용, 연극적인 듀엣의 개발, 한국무용의 세계화 및 보편화, 무용 레퍼토리의 정립, 무용이 제공하는 감동의 창출 등이 그것이다.

이렇게 송범은 안무가로서 자신의 길을 찾았고, 그 길을 개척하기 위해 매일매일 하루의 시간이 부족함을 탓하며 무대 작업에 온몸을 던졌다. 그는 삶의 마지막 에너지를 무용극을 위해 송두리째 불태워 버렸다. 오늘날의 우리는 송범의 무용극을 부분적으로 비판할 수 있을지언정, 역사적으로 탁월했던 송범의 창작 태도와 열정에는 엄정한 교훈을 받아야 마땅하다.

# 평전을 마치며

이 평전을 시작하면서 필자가 내놓은 화두는 '무대무용의 예술화와 과학화'였다. 아울러 "우리 공연예술의 이러한 역사적인 과업을 무용계에서 본격적으로 실험하고 상당한 성과를 낸 사람이 바로 송범이었다."고 말했다. 송범에게 평생 이어졌던 실험과 도전, 성과와 실패에 대한 자료들을 가능한 체계화시켜 책의 본론과 결론을 마쳤다. 필자의 이와 같은 연구는 앞으로 보다 신선한 연구자에 의해 발전되기를 바란다. 이제 평전을 끝내면서 몇 가지 필자가 하고 싶은 말을 덧붙이려 한다.

송범이 우리 곁을 떠난 지 이미 7년의 세월이 지났다. 대학 출신 무용가들은 매년 늘어나 인구 비례로 '세계 최다의 무용가 보유 국가'가 된 것이 아닌가 한다. 동시에 크고 작은 무용 공연들은 연중 전국 극장에서 넘쳐 나고 있다. 숱한 무용가들은 공연비를 마련하려고 동분서주(東奔西走)하고 있다. 정부의 지원금도 꾸준히 증가해 왔다. 송범이 장기 근속했던 국립무용단의 예술감독도 수차례 바뀌었다.

우리는 2014년의 현실 속에서 송범을 논하고 오늘날의 무용,

그리고 내일의 무용에 대해 토론하고 있다. 아주 신중하게 무용계에 물어 보고 싶은 말이 있다. '송범이 작고 한 뒤에 무엇이 변하고 무엇이 달라졌고 무엇이 창작되었는가? 어느 무용가가 송범의 업적을 뛰어 넘었는가? 국립무용단은 제 길을 가고 있는가?'라고. 사자(死者)는 말이 없는 법, 이제는 생자(生者)들, 살아있는 무용가 당사자(當事者)들이 답해야 할 차례이다.

송범은 혼자서 현대무용을 공부해서 작품을 만들어 발표했다. 청년시절부터 꾸준히 습득한 발레를 기초로 한국발레를 시도했고, 작품을 만들어 주목을 받았다. 또한 틈틈이 배운 전통무용을 바탕으로 무대무용으로서 한국무용을 새롭게 정립시켰다. 그는 무용수로서보다는 안무가로서 더욱 탁월했다.

한 단계 더 나아가서, 그는 무용극이라는 장르를 우리 공연예술계에 대두시켰다. 무용극이 없던 시절이었다. 아무도 감히 무용극을 할 엄두를 내기 어려웠던 때였다. 한편에서는 이런 일을 놓고, '한물간 무용극' '퇴영적인 소재에 상투적인 춤사위' '낡은 무용극의 제조자' 등 비판의 목소리가 들리기도 했다. 그러나 그는 대업을 이루었다. '캬라반 안무가'의 경지를 월등히 초월한 인물이다.

송범 무용 50년을 뒤돌아보면, 그는 초지일관(初志一貫)하게 삼다(三多)를 실천한 예술가였다. 첫째는 누가 무엇이라고 해도 열심히 배웠다(多習). 둘째는 무용의 진보를 위해 끊임없이 생각했다(多索). 셋째는 작품을 완성하기 위해 부단히 만들었다(多作).

1982년 3월, 송범이 아직 활동하고 있을 때 국립극장에서 「송범무용전」이 열렸다. 그날 발표된 15개 작품 가운데, 조택원의

<가사호접>을 제외한 14개 작품들은 송범의 유작으로서 현재까지 꾸준히 공연되고 있다. 14개 작품들 가운데 다른 무용가들의 작품과 유사한 것들이 뒤섞여 있다고 지적하는 반응도 들린다. 그러나 그 작품의 구조가 서로 다르고, 공간 개념이 서로 다르고, 춤사위가 서로 달라진 점에 새삼 주목할 필요가 있다. 그렇다면 유사한 요소가 있더라도 엄연히 송범의 무용인 것이다.

송범이 만든 <은하수> <그 하늘 그 북소리> <도미부인>은 이제는 객석에 별로 감동을 줄 수 없는 무용극이 되어 버려서 공연이 안 되는 것일까? 그래도 <도미부인>은 송범 사후에 공연되었다. 누구도 그렇게 생각하지 않을 것이다. 적지 않은 공연비의 마련과 인재의 확보, 장기 기획의 어려움, 국립무용단 운영의 방식 등과 관련된 문제일 뿐, 결코 이 세 작품이 낡아서 공연할 수 없다는 말은 당위성이 성립되지 않는다. 송범의 무용극은 비판의 대상이자 극복의 대상이지, 비난과 폄훼(貶毁)의 대상은 분명코 아니다.

송범에게 필자가 마지막으로 헌사하고자 하는 말은 '한국 무대무용 안무의 선구자'라는 칭호이다. 무용의 모든 장르에 통달했던 그는, 자신이 전통무용가처럼, 서양의 발레리나처럼 춤을 구사할 수는 없었지만, 그 작품의 무용적 진가를 되살리는 안무를 할 수 있었다. 당시로서는 물론, 지금 우리 무용계에서도 그 누구도 쉽게 할 수 없는 당당한 실력의 소유자였다. 오늘날 극장예술로서, 무대무용으로서, 창작무용으로서, 그리고 세계적인 무용으로서 발전해야 할 우리 무용 및 무용계가 진정 해결하고 발견해야 할 과제는 바로 우리의 삶에 대한 '새로운 주제의 발견'과 더불어 '안무력을 갖춘 무용 창조'라는 사실을 직시할 때, 송범에 대한 역사적 의미는 더욱 값진 것이라 하겠다.

젊은 무용인들에게 송범이 남긴 '어록'을 기억해 달라고 부탁하고 싶다. 그의 소중한 어록은 다음과 같다. "춤은 춤 그 자체의 놀이적 즐거움 속에 숭고한 예술적 표현이 깃들여 있다. 우리 민속춤은 독특한 민족성, 전통사상의 고유성 등, 사회적 진화와 어우러져 민족문화의 모체 역할을 해 왔을 뿐만 아니라, 한국인의 정서와 정신의 맥을 잇는 고리 역할을 해 왔다. 과거가 없이 현재가 있을 수 없고, 현재가 없이 미래가 있을 수 없듯이, 오늘날 무용예술이 존재할 수 있었던 것은 선현(先賢)들의 노력과 개척의 결과인 것이다. 이러한 선현들의 숭고한 정신과 맥을 잇지 않는다면, 우리 춤의 역사성과 본질은 사라져 갈 것이다."[1)]

무형문화재 보유자로 인정된 무용가들과 우리 일반 무용가들의 역할은 구별되어야 한다. 소위 '인간문화재'는 우리 춤의 원형 발굴과 보존, 전수가 사명이다. 전승에 작품의 중심을 두고 공연하는 명무가를 일컫는다. 이에 대하여, 무용가는 새로운 작품의 개발과 창작이 사명이다. 예술은 근본적으로 각자의 개성(個性)에 따라, 어떤 주제나 소재를 갖고, 그것을 어울리게 표현하는 행위가 아니던가. 물론, 두 영역을 다 잘 할 수 있는 (유능한) 무용가도 있을 수 있을 것이다.[2)]

요즈음 한국무용의 경향은 개인적으로 우려되는 바가 많다. 마치 현대무용을 보는 것과 같은 무대는 내게 혼란만을 일으킨다. 한국무용이란 우리 민속무용을 바탕으로 하여 춤사위와 정신 사상이 깃든 무용이다. 이것을 현대적 감각에 맞게 재창조해 나가는 것이 한국무용에 대한 올바른 태도가 아닐까 생각한다. 그런데 개중에는 고도의 테크닉이나 고도의 정신 사상을 표현하는 것이 아닌, 현대무용의 쉬운 동작만을 모방하며, 이른바 창작무용이라고 무대에 올려놓고 있다는 것이다. 이런 식이라면 진정한 한국무용의 맥은 끊어지지 않겠는가.[3)]

젊은 춤꾼일수록 칭찬보다는 질타와 지적이 그를 매진케 하는 밑거름이 된다. 어찌된 일인지 그저 공연마다 수작이요, 걸작이요, 칭찬과 격찬을 아끼지 않는 무수한 무대들이 난무하고 있다. 이러한 예술적 만개(滿開)의 황금시대에 살고 있는 우리는 다들 굉장한 행운아라고 해야 할는지? 뜨거운 불 속에서 여러 번 제련(製鍊)하여야 정금(正金)은 추출된다. 예술의 세계도 예외는 아닐진대, 후배들에게 당부하고 싶은 것은 서두름을 멈추고, 벽돌을 하나하나 쌓아올리듯이 인내를 가지고, 자기 세계를 이루라는 것이다. 춤과 사랑에 빠지고, 춤에 한 번 미쳐서, 다른 것에는 관심도 욕심도 생겨나지 않는 춤의 세계에 몰입해 보라는 것이다.[4)]

우리 무용가들은 이런 저런 행사나 기획공연에 휩쓸려 적당하게 춤을 만들어내는 버릇에 익숙하다. 이런 버릇이 생기면, 창작혼(魂)은 고갈, 변형되어 버릴 수밖에 없을 것이다. 우리 춤은 '우리의 정서'를 표출해야 하는데, 야릇하게도 현대의 한국무용, 또 다르게는 창작무용이라고 하는 것을 보면, 우리의 정서가 묻어 나오지 않는다. 어느 나라의 무용인지 잘 알 수 없다. 또 현대무용이라고 하기에는 힘이나 역동성이 없다. 후배 무용가들에게는 보다 우리다운 것을 가지라고 말하고 싶다.[5)]

## 평전을 시작하며

1) 고유어 '춤'은 모든 무용의 총칭이다. 여기서는 근대 이후의 춤을 무용으로 지칭한다.
2) Richard and Helen *Leacroft, Theatre and Playhouse*, Methuen, 1985.
3) 서연호, 『한국연극사(근대편)』, 연극과인간, 2003, pp.48-51.
4) Gerald Jonas, *DANCING: The Pleasure, Power and Art of Movement*, Harry N. Abrams, Inc. 1992.
   Gerald Jonas, 김채원 역, 『춤』, 청년사, 2003, pp.128-129.
5) 존마틴, 김채현 역, 『선구자들의 생각』, 예건사, 1993, p.5.
6) 김말애, 『무용의 이해』, 예전사, 1999, pp.93-98. 현재 활동하고 있는 파리오페라발레단(BOP)은 이상의 전통을 계승해 오다 1929년에 만들어진 국립단체이고, 2012년에 정식 입단한 한국의 박세은은 2013년부터 쉬제(sujet) 등급으로 주인공을 맡을 수 있는 자격을 얻었다.
7) 藤田洋, 『歌舞伎』, 三省堂, 1996, pp.243-254.
8) 자필자료(1948), 「행복한 순간」(예술조선, 1948.4), 김태원 편, 『나의 춤, 나의 길(송범의 춤 예술 60년)』, 현대미학사, 2002, pp.25-26. 여기서 '현대 무용'은 첨단적인 무용을 지칭하는 것으로서, 오늘날 장르의 하나인 '현대무용'과는 일단 구별되는 것으로 여겨진다.
9) 자필자료(1992-1), 「춤은 나의 종교 나의 전부」(춤, 1992.4), 김태원 편, 전게서, pp.28-46.
10) 자필자료(1992-2), 「무용과 함께 걸어온 외길 50년을 회고하면서」, 신주회 편, 『송범 그 인생과 예술』 부록, 교양사, 1992, p.13.
11) 구술자료(2002), 송범과 김태원의 대담, 「나는 그저 내 춤의 길을 갈 뿐이다」(옥수동 아파트, 2002.6.3), 김태원 편, 『나의 춤, 나의 길(송범의 춤 예술 60년)』, 현대미학사, 2002, pp.11-24.
12) 구술자료(1997), 송범과 문애령의 대담, 「송범」(한국의 집, 1997.2.13), 문애령, 『한국 현대무용사의 인물들』, 눈빛, 2001, pp.159-178. 여기서 현대무용은 무용사의 현대에서 한 장르를 지칭한다.
13) 구술자료(2004), 송범과 박선욱의 대담, 「무용가 송범」(옥수동 아파트, 2004.4.2). 송범 구술, 박선욱 채록, 『2003년도 한국 근현대 예술사 구술채록 연구 시리즈 11: 송범』, 한국문화예술위원회, 2004, p.22.
14) 여기서 한국무용은 고전발레, 현대무용과 함께 장르명칭으로 사용되었다. 한국에 존재하는 범칭 '한국의 무용들'을 지칭한 것이 아니다.
15) 여기서 연행은 춤의 직접 실연을 뜻한다. 송범은 자신의 안무작에서 실연함은

물론 1976년 10월, 작고한 조택원 선생을 추모하며 <가사호접>을 연행했다.
16) 이상섭, 『문학 연구의 방법』, 탐구당, 2006, pp.26-29. / Rene Wellek and Austin Warren, *Theory of Literature*, New York Harcourt, 1949, p.63.
17) 수잔네 슐리허, 박균 역, 『탄츠테아터』, 범우사, 2006.

## 1. 무용에 입문하기까지

1) 구술자료(2004), p.22.
2) 자필자료(1992-1), p.28.
3) 자필자료(1992-1), p.29.
4) 구술자료(2004), p.23.
5) 박용구, 『한반도 르네상스의 기획자』, 국립예술자료원, 2011, p.85.
6) 早稻田大學演劇博物館 編, 『演劇百科大事典』(제4권), 平凡社, 1990, p.58. / (제1권), p.136. / 김경애(외), 『우리 무용 100년』, 현암사, 2001, pp.42-55.
7) 박용구, 전게서, p.125.
8) 미우라 마사시, 남정호・이세진 역, 『무용의 현대』, 늘봄, 2004, p.37.
9) 郡司正勝 편, 『일본무용사전』, 東京堂出版, 1977, p.358.
10) 박용구, 전게서, p.153.
11) 김태원, 「한국무용의 극장예술화와 직업무용의 전통 세우기」, 김태원 편, 전게서, p.63.
12) 구술자료(1997), p.162. / 구술자료(2004), p.102 p.190. / 정순영, 「겸허와 성실로 수놓은 송범의 삶과 춤」, 김태원 편, 전게서, p.71.
13) 구술자료(1997), p.159.
14) 기사, 「송범 무용생활 20년」, 동아일보, 1962.9.20. / 자필자료(1992-1), p.31.
15) 구술자료(1997), p.160.
16) 구술자료(2002), p.16.
17) 자필자료(1992-1), p.32.
18) 구술자료(2004), p.23.
19) 구술자료(2004), p.33.
20) 정병호, 「송범 무용생활을 더듬어 본 소감」, 김태원 편, 전게서, p.166.
21) 高嶋雄三郎・鄭昞浩 편, 『世紀の美人舞踊家 崔承喜』, エムティ出版, 1994, 年譜.
22) 「조택원, 잊을 수 없는 이름」, 성기숙・김경애 편, 『춤의 선구자 조택원』, 댄스포럼, 2006, pp.42-43.
23) 한성준, 「고수 50년」, 조광, 1937.4, pp.127-134.
24) 崔承喜, 『私の自敍傳』, 日本書莊, 1936, pp.137-140.
25) 구술자료(2004), p.25.

## 2. 무용 섭렵과 탐구

1) 『조선연감』, 1946년판, p.303.
2) 자필자료(1992-2), p.10.
3) 구술자료(2004), p.159.
4) 문애령의 심백봉 인터뷰, 『한국 현대무용의 인물들』, 눈빛, 2001, p.75.
5) 기사, 「대한무용예술협회」, 대동신문, 1946.6.22.
6) 박용구, 전게서, p.85.
7) 안제승, 『신무용사, 국립극장 30년사』, 1980.12, pp.385-386.
8) 정병호, 「송범의 춤세계와 그 무용사적 비중」(좌담), 춤, 1990.8.
9) 국립발레단 편, 『즐거워라 발레』, 범조사, 2001, p.45.
10) 김경애(외), 전게서, pp.93-103. / 성기숙, 「해방 직후 춤의 전개 양상과 성격 연구」, 『한국 전통춤 연구』, 현대미학사, 1999, pp.293-335.
11) 구술자료(2004), p.35.
12) 안제승, 전게서, p.381.
13) 기사, 「조택원 도미」, 조선일보, 1947.10.18.
14) 조택원, 「나의 춤 반세기의 영욕」, 춤, 1976.3, p.115.
15) 구술자료(1997), p.171.
16) 자필자료(1992-1), p.32.
17) 조택원, 「격에 맞는 현대무용」, 조선일보, 1962.9.26.
18) 자필자료(1992-1), p.32.
19) 구술자료(2004), p.47.
20) 구술자료(1997), p.161. / 조선일보, 제1회 장추화무용발표회, 1946.5.15.
21) 高嶋雄三郎・鄭昞浩 편, 전게서, p.115, p.124, p.125.
22) 구술자료(1997), p.170.
23) 구술자료(2002), p.16. / 박용구, 전게서, p.353.
24) 조동화, 「송범의 예술과정을 한눈에 보는 기쁨」, 김태원 편, 전게서, pp.145-149.
25) 구술자료(1997), p.161.
26) 자필자료(1992-2), p.10.
27) 구술자료(2006), p.148.
28) 김문숙, 「송범의 춤세계와 그 무용사적 비중(좌담)」, 춤, 1990.8, p.184.
29) 인터넷, Yahoo Japan.
30) 구술자료(2002), p.27.
31) 자필자료(1992-1), p.33. / 구술자료(1997), p.161.
32) 구술자료(2004), p.119. / 정병호, 『춤추는 최승희』, 뿌리깊은나무, 1995, p.256.
33) 자필자료(1992-1), p.34. 이 공연을 원문에서는 아트락션(attraction)으로 표기했다. 본 공연이 아니라 공연 프로그램 사이에 하는 일종의 막간(幕間)이었다. 또한 습작이라는 의미로 에튀드라 부르기도 했다.

34) 구술자료(2002), p.17.
35) 문철민, <습작>의 의미, 경향신문, 1947.11.23.
36) 『조선연감』, 48년판, p.384. / 자필자료(1992-2), p.51.
37) 구술자료(2004), p.27.
38) 김진걸, 「세월이로구려」, 신주희 편, 전게서, p.49.
39) 구술자료(1997), p.162.
40) 자필자료(1992-1), p.34.
41) 자필자료(1992-1), p.34.
42) 구술자료(2004), p.61.
43) 자필자료(1992-1), p.33.
44) 구술자료(1997), p.169.
45) 자필자료(1948), p.25.
46) 안제승, 전게서, p.391.
47) 문철민, <습작>의 의미, 경향신문, 1947.11.23.
48) 정병호, 전게서, p.169.
49) 정순영, 전게서, p.77.
50) 구술자료(2004), p.81.
51) 김말복, 『무용의 이해』, 예전사, 1999, p.157.
52) 早稲田大學演劇博物館 編, 『演劇百科大事典』(제5권), 平凡社, 1990, pp.393-395.
53) 김채현 역, 『서양 춤 예술의 역사』, 이론과 실천, 1990, pp.102-104. / Susan Ou, *Ballet & Modern Dance,* Thames and Hudson, 1988. / 이덕희, 『불멸의 무용가들』, 작가정신, 2000, pp.269-285.
54) 윤계정 역, 「마리 뷔그만의 춤의 언어」, 김태원 편, 『현대무용의 미학과 비평(1)』, 현대미학사, 2003, pp.157-174.
55) 자필자료(1992-2), p.11. / 구술자료(2006), p.143.

## 3. 6·25 전쟁기의 활동

1) 자필자료(1992-1), p.35.
2) 구술자료(2004), p.28, p.71, p.94.
3) 구술자료(1997), p.170.
4) 자필자료(1992-1), p.35.
5) 자필자료(1992-1), p.35.
6) 구술자료(2004), p.195.
7) 김경애(외), 전게서, p.106.
8) 자료, 「송범, 그 예술과 생애」, 송범무용전 팸플릿, 1982.3.

9) 자필자료(1992-1), p.37. / 구술자료(2004), p.95.
10) 자료, 「송범, 그 예술과 생애」, 송범무용전 팸플릿, 1982.3.21.
11) 구술자료(2004), pp.59-61.
12) 김찬정, 이정환 역, 『춤꾼 최승희』, 한국방송출판, 2003, pp.288-355.
13) 기사, 「김백봉무용발표회」, 동아일보, 1956.4.12.
14) 구술자료(2002), p.18.
15) 구술자료(2004), p.129, p.196.
16) 김경애(외), 전게서, p.106. / 정순영, 전게서, p.75.
17) 김경옥, 「겸허와 성실로 이룩한 왕국」, 춤, 1982.4, pp.42-44.
18) 구술자료(2004), p.78.
19) 구술자료(2004), p.98.
20) 구술자료(1997), p.170. / 구술자료(2004), p.78, p.103.
21) 구술자료(2004), p.104.
22) 구술자료(2002), p.17. / 구술자료(2004), p.30.
23) 성기숙, 『국립무용단의 행보와 미학적 좌표, 소리와 몸짓(국립극장 창무악의 세계)』, 국립극장, 2007, p.93.
24) 구술자료(1997), p.171.
25) 김문숙, 「송범의 춤 세계와 그 무용사적 비중(좌담)」, 춤, 1990.8.
26) 자필논문(2001), p.232.
27) 안제승, 전게서, p.395.
28) 광고, 송범 무용발표, 경향신문, 1952.6.8.
29) 타블라는 인도의 타악기이다. 두 개의 항아리 형 북을 붙여 놓고 손으로 치는 악기로 세상의 모든 소리를 다 묘사할 수 있어, 흔히 타악기의 여왕이라 한다.
30) 구술자료(2004), p.96.
31) 정순영, 전게서, p.77.
32) 早稻田大學演劇博物館 編, 『演劇百科大事典』(제5권), 平凡社, 1990, p.84. p.201.
33) 김말복, 전게서, pp.157-171.
34) 안제승, 전게서, p.395.
35) 정순영, 전게서, p.76.
36) 김상화, 「신념으로 이룩한 왕국」, 춤, 1982.4, pp.45-49.
37) 김상화, 전게서, pp.45-49.
38) 정순영, 전게서, pp.77-78.
39) 성기숙, 「선구자적 예지와 한국적 무용극의 전형화」, 『한국 근대무용가 연구』, 민속원, 2004, pp.96-97.

## 4. 결혼과 가정

1) 자필자료(1992-1), p.40. / 이 같은 내용은 구술자료(2004), p.55와는 차이가 있다.
2) 구술자료(2004), p.56.
3) 자필자료(1992-1), p.40.
4) 구술자료(2004), p.56.
5) 자필자료(1992-1), p.41.
6) 구술자료(2004), pp.148-149.
7) 자필자료(1992-1), pp.43-46.
8) 구술자료(1997), p.179.

## 5. 끈질긴 도전

1) 기사, 「한국무용가협회」, 조선일보, 1956.7.18.
2) 기사, 「한국무용협회」, 조선일보, 1959.4.21.
3) 박외선, 「나의 무용에의 회고」, 춤, 1977.10, p.105.
4) 박용구, 전게서, pp.225-226.
5) 早稻田大學演劇博物館 編, 『演劇百科大事典』(제4권), 平凡社, 1990, p.454.
6) 예술원 편, 『한국연극 · 무용 · 영화사전』, 1985, p.468.
7) 김경애(외), 전게서, pp.104-117.
8) 구술자료(1992-1), p.42.
9) 광고, 「송범무용」, 경향신문, 1953.11.11.
10) 조동화, 「송범무용발표회」, 연합신문, 1953.11.14.
11) 김상화, 「집념으로 이룩한 왕국」, 춤, 1982.4, pp.45-49 참조. / 구술자료(2004), p.64.
12) 구술자료(2004), pp.144-146.
13) 조흥동, 「진정한 예술로서의 춤의 정신사를 가르쳐 주신 나의 스승」, 신주희 편, 『송범 그 인생과 예술』, p.72.
14) 김상화, 전게서, pp.45-49.
15) 김상화, 전게서, pp.45-49.
16) 구술자료(2004), p.23.
17) 구술자료(2004), p.156.
18) 기사, 「<불의 희생> 공연」, 조선일보, 1955.9.21.
19) 김상화, 「<인도의 연가> 평」, 평화신문, 1955.4.13.
20) 기사, 「송범 무용」, 경향신문, 1955.9.9.
21) 조동화, 「새로운 변형대열」, 조선일보, 1955.9.21.

22) 김상화, 「정열의 절제와 기교의 적용」, 동아일보, 1955.9.20.
23) 기사, 「송범 무용」, 동아일보, 1956.5.2.
24) 조동화, 「현대적이 감각과 모랄」, 조선일보, 1956.5.11.
25) 기사, 「<비련> 공연」, 경향신문, 1956.11.6.
26) 조동화, 「무용극 최초의 교향미」, 경향신문, 1956.11.6.
27) 기사, 「송범 무용평」, 조선일보, 1957.10.
28) 김경옥, 「본자 찾은 현대미, 조선일보」, 1957.10.29.
29) 조동화, 「문학과 무용의 교향시탑」, 경향신문, 1957.10.23.
30) 박외선, 「1957년 무용계 총평」, 1957.12.23.
31) 기사, 「송범무용발표회」, 연합신문, 1958.10.20.
32) 김상화, 「열도와 창의의 결정」, 조선일보, 1958.10.31.
33) 김상화, 「집념으로 이룩한 왕국」, 춤, 1982.4, pp.45-49.
34) 기사, 「무용계 소식」, 경향신문, 1958.12.28.
35) 기사, 「송범무용 발표」, 동아일보, 1959.9.6.
36) 김상화, 「현대의 연쇄가」, 동아일보, 1959.9.18.
37) 송범, 「대담한 소재 청초한 춤가락」, 동아일보, 1959.10.20.
38) 기사, 「한국발레단」, 1960.3.30.
39) 기사, 「한국무용단」, 한국일보, 1961.1.18.
40) 송범론(2006), 「손병우, 송범 무용작품 세계」, 한누리춤연구회, 신무용의 재발견(논문집), 2006.6.3, pp.101-118.
41) 기사, 「무용으로 20년」, 경향신문, 1962.9.8.
42) 자필자료(1992-1) p.36.
43) 기사, 「무용 발표회」, 경향신문, 1970.8.25.
44) 구술자료(2004), p.47.
45) 기사, 「무용계 소식」, 경향신문, 1973.8.11.
46) 기사, 「문화예술상」, 경향신문, 1973.10.17. / 동아일보, 1973.10.20.
47) 구술자료(2006) p.153.
48) 기사, 「송범무용 발표회」, 동아일보, 1974.9.26.
49) 기사, 「국립무용단 비원 공연」, 경향신문, 1979.8.3.
50) 기사, 「예술원 동정」, 동아일보, 1983.3.2.
51) 자필자료(1948), p.26.
52) 石井漠, 舞踊藝術, 玉川學園出版社, 1933. / 世界舞踊藝術史, 玉川學園出版社, 1943. / おとるばか, 産業經濟新聞社, 1955. / 森下利幸 역, イサドラ・ダンカン自敍傳(上, 下), 日本國會圖書館, 1936. / 大田黑元雄 편, バレェ大觀, 苦樂社, 1949. / Oliga Sapphire, バレェ讀本, 山王書房, 1950. / 竹村健一, バレェ鑑賞の手引, 關書院出版, 1958.
53) 구술자료(2002), p.18.
54) 김말복, 전계서, pp.159-201.

55) 김말복, 전게서, pp.208-211.
미우라 마사지, 남정호 · 이세진 역, 『무용의 현대』, 늘봄, 2004, pp.86-93.
56) 김말복, 전게서, pp.204-205.
57) 김말복, 전게서, pp.197-227.
58) 김말복, 전게서, pp.197-243.

## 6. 국립무용단의 전통을 세우다

1) 유인화, 「국립무용단사」, 『국립극장 60년사』, 2010, pp.267-307.
2) 김창구, 「국립무용단 창단과 송범의 아량」, 춤, 1980.6, p.29.
3) 구술자료(2004), p.219.
4) 당초 우남회관으로 건설을 시작했지만 1960년 이승만정부의 붕괴로 1961년 10월 세종문화회관으로 완공. 1972년 12월 화재로 소실됨. 1978년 4월 현재와 같이 신축함.
5) 『국립극장 60년사』, 2010.
6) 장선희, 「국립발레단사」, 『국립극장 60년사』, 2010, pp.377-405.
7) 구술자료(2002), p.19.
8) 김태원, 「한국무용의 극장예술화와 직업무용의 전통 세우기」, 김태원 편, 『나의 춤 나의 길』, pp.61-70.
9) 김태원, 「송범춤 정신적 유산」, 송범 학술세미나 논문집, 한국무용협회 충북지회, 2011.6.14, p.15.
10) <영(靈)은 살아 있다>, 공연 팸플릿, 1962.3.31.
11) 조동화, 「타성의 연장」, 경향신문, 1962.4.9.
12) 구술자료(2004), pp.151-152.
13) <검은 태양>, 공연 팸플릿, 1963.3.13.
14) 김경옥, 「시와 소리와 육체 표현의 새로운 시도」, 조선일보, 1963.3.7.
박용구, 「무용평」, 한국일보, 1963.3.7.
15) <영지>, 공연 팸플릿, 1963.10.23.
16) 박용구, <영지> 무용평, 한국일보, 1963.9.29.
조동화, <영지> 무용평, 동아일보, 1963.10.28.
17) 기사, 동아일보, 1964.6.16. / <푸른 도포>, 공연 팸플릿, 1964.6.20.
18) 박용구, <푸른 도포> 평, 조선일보, 1965.6.24.
19) <배신>, 공연 팸플릿, 1965.3.10.
20) <멍든 산하>, 공연 팸플릿, 1965.10.13.
21) 박용구, 「멍든 산화」, 한국일보, 1965.10.26.
22) 구술자료(2004), p.235.
23) <아! 1919>, 공연 팸플릿, 1966.3.1.

24) 안제승, 전게서, p.421.
25) <왕비 훼도르>, 공연 팸플릿, 1966.10.12.
26) <심산유곡>, 공연 팸플릿, 1966.10.12.
27) 유인화, 「국립무용단사」, 『국립극장 60년사』, 2010, p.275.
28) 안제승, 전게서, p.423.
29) <종송>, 공연 팸플릿, 1967.9.13.
30) 안제승, 전게서, p.426.
31) <향연>, 공연 팸플릿, 1968.9.6.
32) 안제승, 전게서, p.427.
33) 구술자료(2002), p.18.
34) 구술자료(2002), p.19.
35) 구술자료(2002), pp.19-20.
36) 김태원, 「한국무용의 극장예술화와 직업무용의 전통 세우기」, 김태원 편, 전게서, pp.61-70.
37) 기사, 런던 공연 보도, 동아일보, 1972.9.13.
38) 기사, 파리 공연 보도, 동아일보, 1972.9.13.
39) 김상화, 「신념으로 이룩한 왕국」, 춤, 1982.4.
40) 조동화, 「현대적이 감각과 모랄」, 조선일보, 1956.5.11.
41) 조동화, 「무용극 최초의 교향미」, 경향신문, 1956.11.6.
42) 김상화, 「열도와 창의의 결정」, 조선일보, 1958.10.31.
43) 기사, 「한국발레단」, 1960.3.30.
44) 자필자료(1962), p.142.
45) 자필자료(1962), p.144.
46) 안제승, 전게서, p.423, p.426.
47) 이순열, 「국립무용단 45년」, 『소리와 몸짓』(국립극장 창가악의 세계), 국립극장, 2007, p.85.
48) 서연호, 「남산 국립극장 탄생 실화」, 미르, 2013.8, pp.58-59.
49) 「1974년 한국무용제전」, 공연 팸플릿, 1974.6.12.
50) 「1975년 한국무용제전」, 공연 팸플릿, 1975.10.16.
51) 구술자료(2004), p.40, p.153.
52) 「1976년 종합무용제」, 공연 팸플릿, 1976.10.4.
53) 자필논문(2001), pp.232-236.
54) 송범, 「우리 춤 해외 소개는 제대로 되고 있는가?(좌담회)」, 춤, 1976.6, pp.20-21.
55) <춘향전>, 공연 팸플릿, 1977.2.3.
56) 「1978년 종합무용제」, 공연 팸플릿, 1978.10.6.
57) <꿈, 꿈, 꿈>, 공연 팸플릿, 1979.5.23.
58) 「송범 무용전」, 공연 팸플릿, 1982.3.21.

59) 사전, 『한국음악사전』, 대한민국예술원, 1985, p.361.
60) 김상화, 「승계의 미덕과 수용의 진지성」, 춤, 1982.5, pp.70-71.
61) 「중남미순회 귀국공연」, 공연 팸플릿 1982.10.20.
62) 「한국무용전」, 공연 팸플릿, 1983.4.12.
63) 「1983년 송년공연」, 공연 팸플릿, 1983.12.9.
64) 「1986 유럽순회 귀국공연」, 공연 팸플릿, 1986.7.11.
65) 「1987년 무용예술 큰잔치」, 공연 팸플릿, 1987.9.2.
66) 「1987 대만공연」, 공연 팸플릿, 1987.11.6.
67) 「1988년 북소리와 춤의 대교향」, 공연 팸플릿, 1988.2.25.
68) 「1990년 마라도 모임새 한마당」, 공연 팸플릿, 1990.6.27.
69) 자필논문(2001), p.213.
70) 자필논문(2001), p.219.
71) 자필논문(2001), p.219.
72) 자필논문(2001), pp.227-228.
73) 자필논문(2001), pp.227-229.
74) 자필논문(2001), p.234.
75) 자필논문(2001), p.235.
76) 「1976년 종합무용제」, 공연 팸플릿, 1976.10.4.
77) 구술자료(2002), pp.19-20.
78) 김태원, 「한국무용의 극장예술화와 직업무용의 전통 세우기」, 김태원 편, 전게서, pp.61-70.
79) 자필자료(1992-1), p.42.
80) 자필논문(1992), 『예술원논문집』 31집.
81) 구술자료(1997), p.173.

## 7. 무용극 창작의 대업

1) 구술자료(2002), p.21. / 구술자료(2004), p.282, p.233.
2) 서항석, 「나의 이력서」, 『서항석전집』(제5권), 하산출판사, 1987, pp.1801-1802.
3) 서항석, 전게서, pp.1801-1802.
4) 박용구, 「장광열 대담」, 『20세기 예술의 세계』, 지식산업사, 2001, p.71.
5) <별의 전설>, 공연 팸플릿, 1973.11.21.
6) 유인화, 전게서, 2010, p.278.
7) 박범훈, 「송범류 범무(范舞)와 나의 음악」, 김태원 편, 전게서, p.133.
8) 안제승, 전게서, p.437.
9) <은하수>, 공연 팸플릿, 1986.4.10.

10) <왕자호동>, 공연 팸플릿, 1974.11.27.
11) 김상화, <왕자호동>, 일간스포츠, 1974.12.6.
12) <그 하늘 그 북소리>, 공연 팸플릿, 1990.6.20.
13) 정일성, 「어느 북소리의 울림」, 김태원, p.138.
14) 장광렬, <그 하늘 그 북소리> 무용평, 객석, 1990.7.
15) 김태원, 「국립의 전통 확인과 위용」, 춤, 1990.8.
16) 김태원, 전게서, 1990.8.
17) 장선희, 「자국립발레단사」, 『국립극장 60년사』, 국립극장, 2010, p.388.
18) 서연호, 「글로컬시대 전통문화의 재조명」, 한국문화관광연구원 논문집, 2012.10.
19) <도미부인>, 공연 팸플릿, 1984.5.24.
20) 양성옥과 필자의 면담, 2014.1.23.
21) 자필자료(1988), p.23.
22) 자필자료(1988), p.21.
23) 루이스 시갈, 「한국무용의 새로운 방향 제시」, LA타임스, 1984.7.9.
24) 김태원, 「한국무용의 극장예술화와 직업무용의 전통 세우기」, 김태원 편, 전게서, p.67.
25) 김채현, 한국 무용극의 징검다리 <도미부인>, 송범 단장 퇴임기념공연 팸플릿, 1992.11.26.
26) <춘향전>, 공연 팸플릿, 1977.2.3.
27) 안제승, 전게서, p.452.
28) <푸른 천지>(일명 허생전), 공연 팸플릿, 1980.6.20.
29) <꿈, 꿈, 꿈>, 공연 팸플릿, 1979.5.23.
30) 안제승, 전게서, p.461.
31) <마음 속에 이는 바람>, 공연 팸플릿, 1978.3.10.
32) 안제승, 전게서, p.457.
33) <썰물>, 공연 팸플릿, 1982.4.21.
34) 김경옥, 「극성에의 접근」, 춤, 1982.6, pp.60-63.
35) <황혼의 노래>, 공연 팸플릿, 1995.12.14.
36) 구술자료(2004), p.112.
37) 구술자료(2002), p.22.
38) <별의 전설>, 공연 팸플릿, 1973.11.21.
39) <푸른 천지>(일명 허생전), 공연 팸플릿, 1980.6.20.
40) 구술자료(2004), p.110.
41) 구술자료(2002), p.22.
42) 박범훈, 「송범류 범무와 나의 음악」, 김태원 편, 전게서, p.132.
43) 박범훈, 전게서, p.133.
44) 구술자료(2004), p.237.
45) 기사, 송범 인터뷰, 1983.3.2.

46) 자필자료(1992-1), pp.37-38.
47) 구술자료(2002), p.14.
48) 구술자료(1997), p.167.
49) 박범훈, 전게서, pp.133-134.
50) 자필자료(1992-1), pp.55-56.
51) 자필자료(1992-1), pp.55-56.
52) 자필자료(1992-1), p.43.
53) 구술자료(2006), p.159, p.162.
54) 문애령, 「한국 무용극의 대부 송범」, 『한국 현대무용사의 인물들』, 눈빛, 2001, p.184.

## 8. 인생의 종막

1) 구술자료(2004), pp.116-117.
2) 자필자료(1992-1), pp.44-45.
3) 자필자료(1992-1), pp.44-45.
4) 자필자료(1992-1), p.42.
5) 자필자료(1987), p.27.
6) 자필자료(1987), p.29.
7) 구술자료(1992-1), p.46. / 구술자료(2004), p.102.
8) 조홍동, 「진정한 예술로서 춤의 정신사를 가르쳐 주신 나의 스승」, 신주희 편, 전게서, p.72.
9) 정병호(좌담), 「국립무용단의 무용극」, 춤, 1990.8.
10) 차범석, 「송범은 살아있다」, 김태원 편, 전게서, pp.161-164.
11) 구술자료(1992-1), p.40.
12) 구술자료(1992-1), p.44.
13) 자료, 「제70회 <무어랑>, 소리와 몸짓」, 국립극장, 2007, p.79.
14) 구술자료(2004), p.189.
15) 자필자료(1992-1), p.42.
16) 구술자료(2002), p.11.
17) 유인화, 전게서, pp.267-307.
18) 자필자료(1992-1), pp.43-46.
19) 자필자료(1992-2), p.16.

## 9. 송범 작품 목록

1) 송범 안무, 「송범무용전」, 국립무용단 팸플릿, 1982.3.
2) 구술자료(2004), p.298.
3) 이혜진, 「박성옥의 철가야금 및 철가야금 산조 <황혼>에 대한 연구」, 한국예술종합학교 전통원 전문사 논문, 2010.2, pp.29-52.
4) 송범, 「대담한 소재 청초한 춤가락」, 동아일보, 1959.10.20.
5) 구술자료(2002), p.13.
6) 구술자료(2002), p.13.
7) 사사키 겡이치, 민주식 역, 『미학사전』, 동문선, 2002, p.40, p.72. 佐佐健一, 『美學事典』, 東京大學出版部, 1995.

## 10. 무용의 지도와 계승

1) 구술자료(1997), p.161.
2) 구술자료(2002), p.22.
3) 구술자료(2002), p.22.
4) 구술자료(1997), p.164.
5) 국수호와 필자의 면담, 2014.1.26. 인사동 커피집.
6) 구술자료(1997), p.165. / 구술자료(2004), pp.272-273.
7) 구술자료(1997), p.165. / 구술자료(2004), pp.272-273, p.276.
8) 양성옥과 필자의 면담, 2014.1.23. 한국예술종합학교 전통원.
9) 구술자료(2002), p.22.
10) 구술자료(1992-1), p.44.
11) 자필자료(1992-1), p.44. / 구술자료(2004), p.277.
12) 국수호, 「국수호 춤 작품집 축사」, 예음문화사, 1990.
13) 정재만과 필자의 면담, 2014.2.7.
14) 이애주와 필자의 면담, 2014.2.9.
15) 신주희, 전게서, pp.64-85. / 김태원, 「송범과 그의 제자들」, 김태원 편, 전게서, pp.107-130.
16) 이용주, 「무용가 송범 선생과 나」, 신주희 편, 『송범 그 인생과 예술』, p.62.
17) 정재만, 「송범의 예술세계, 무용계의 3대 거목 류파전」, (사)벽사춤아카데미, 1998.12.11.
18) 「무용계의 3대 거목 유파전」, 공연 팸플릿, 1998.12.11.
19) 「2000 사인사색 나흘간의 춤 이야기」, 공연 팸플릿, 2000.4.19.
20) 김태원, 「송범과 그 제자들」, 김태원, p.118.
21) 「송범, 춤 60년 회고전」, 공연 팸플릿, 2002.10.2.

22) 「신무용의 재발견, 발표회」, 공연 팸플릿, 2006.6.2.
23) 서연호, 양성옥 인터뷰, 2014.1.11.
24) 서연호, 양성옥 인터뷰, 2014.1.11.
25) <사미인무>, 공연 팸플릿, 2008.12.3.
26) 「정동극장 주최, 무용극과 송범」, 정동극장 공연 팸플릿. 2011.6.
27) 문애령, 경기도립무용단 <도미부인>, 몸, 2011.12, p.43.
28) 「별의 전설, 아! 송범」, 공연 팸플릿, 2012.4.25.
29) 국수호, 45년, 춤 아버지의 <도미부인>, 국립무용단 공연 팸플릿, 2012.11.16.

## 11. 송범의 무용사적 위상

1) 박용구, 전게서, p.414.
2) 김태원, 「한국무용의 극장예술화와 직업무용의 전통 세우기」, 김태원 편, 전게서(송범의 춤 예술 60년), pp.61-70.
3) 김상화, 「신념으로 이룩한 왕국」, 춤, 1982.4.
4) 조동화, 「현대적이 감각과 모랄」, 조선일보, 1956.5.11.
5) 조동화, 「무용극 최초의 교향미」, 경향신문, 1956.11.6.
6) 김상화, 「열도와 창의의 결정」, 조선일보, 1958.10.31.
7) 기사, 「한국발레단」, 1960.3.30.
8) 안제승, 전게서, p.423, p.426.
9) 문애령, 「한국 무용극의 대부 송범」, 『한국 현대무용사의 인물들』, 눈빛, 2001, p.183.
10) 송범, 「대담한 소재 청초한 춤가락」, 동아일보, 1959.10.20.
11) 구술자료(2002), pp.19-20.
12) 김태원, 「한국무용의 극장예술화와 직업무용의 전통 세우기」, 김태원 편, 전게서(송범의 춤 예술 60년), pp.61-70.
13) 강선영, 「솔직 담백한 성격의 예술인」, 『송범, 그 인생과 예술』, p.45.
14) 김태원, 「민족문화의 상징화와 그 꽃피우기, 소리와 몸짓」(국립극장 창가악의 세계), 국립극장, 2007, pp.89-90.
15) 김태원, 「민족문화의 상징화와 그 꽃피우기, 소리와 몸짓」(국립극장 창가악의 세계), 국립극장, 2007, pp.89-90.
16) 성기숙, 「국립무용단의 행보와 미학적 좌표, 소리와 몸짓」(국립극장 창가악의 세계), 국립극장, 2007, p.93.
17) 성기숙, 「국립무용단의 행보와 미학적 좌표, 소리와 몸짓」(국립극장 창가악의 세계), 국립극장, 2007, p.93.
18) 문일지, 신주희 편, 전게서, p.65.

19) 배정혜, 신주희 편, 전게서, p.68.
20) 김채현, 「무용극과 국립무용단, 소리와 몸짓」(국립극장 창가악의 세계), 국립극장, 2007, p.88.

## 평전을 마치며

1) 자필논문(2001), p.212.
2) 구술자료(2002), p.13.
3) 자필자료(1992-2), p.57.
4) 자필자료(1992-2), p.58.
5) 구술자료(2002), pp.14-16.